ISBN 978-0-243-95766-8
PIBN 10727689

# 1 MONTH OF
# FREE
# READING

## at
## www.ForgottenBooks.com

By purchasing this book you are eligible for one month membership to ForgottenBooks.com, giving you unlimited access to our entire collection of over 700,000 titles via our web site and mobile apps.

To claim your free month visit:
www.forgottenbooks.com/free727689

**English**
**Français**
**Deutsche**
**Italiano**
**Español**
**Português**

# www.forgottenbooks.com

**Mythology** Photography **Fiction**
Fishing Christianity **Art** Cooking
Essays Buddhism Freemasonry
Medicine **Biology** Music **Ancient**
**Egypt** Evolution Carpentry Physics
Dance Geology **Mathematics** Fitness
Shakespeare **Folklore** Yoga Marketing
**Confidence** Immortality Biographies
Poetry **Psychology** Witchcraft
Electronics Chemistry History **Law**
Accounting **Philosophy** Anthropology
Alchemy Drama Quantum Mechanics
Atheism Sexual Health **Ancient History**
**Entrepreneurship** Languages Sport
Paleontology Needlework Islam
**Metaphysics** Investment Archaeology
Parenting Statistics Criminology
**Motivational**

Eine kleine

# Lieder=Sammlung

zum

allgemeinen Gebrauch

des

## wahren Gottesdienstes

für die

### Gemeinde Gottes.

———◆———

Lancaster, Pa.

Herausgegeben von Elias Barr & Co.

1858.

Pearſol & Geis,
  Buchdrucker, Lancaſter, Pa.

# Lieder-Sammlung.

———◆———

## Vor und nach der Predigt.

———

1. Mel. Aus tiefer Noth schrey ich zu dir. (3)

O Gott Vater, wir loben dich, Und deine güte preisen; Daß du dich, o Herr! gnädiglich, An uns neu hast bewiesen. Und hast uns, Herr, zusammen g'führt, Uns zu ermahnen durch dein wort, Gieb uns genad zu diesem.

2. Oefne den mund, Herr, deiner knecht, Gieb ihn'n weisheit darneben, Daß sie dein wort mög'n sprechen recht, Was dient zum frommen leben, Und nützlich ist zu deinem preis, Gieb uns hunger nach solcher speiß, Das ist unser begehren.

3. Gieb unserm herzen auch verstand, Erleuchtung hie auf erden, Daß dein wort in uns werd bekannt, Daß wir fromm mögen werden, Und leben in gerechtigkeit, Achten auf dein wort alle= zeit, So bleibt man unbetrogen.

4. Dein, o Herr! ist das reich, allein, Und auch die macht zusammen, Wir loben dich in der gemein Und danken deinem namen, Und bitten dich aus herzensgrund, Wollst bey uns seyn zu dieser stund, Durch Jesum Christum, Amen.

## 2. Mel. Seelen-weide. (11)

Jesu, Jesu, brunn des lebens! Stell, ach stell dich bey uns ein! Daß wir jetzund nicht vergebens Wirken und bey= sammen seyn.

2. Du verheißest ja den deinen, Daß Du wolltest wunder thun, Und in ihnen willt erscheinen, Ach! erfülls, erfülls auch nun.

3. Herr! wir tragen deinen namen,

Herr! wir find in dich getauft, Und du
haft zu deinem faamen Uns mit deinem
blut erkauft.

4. O! fo laß uns dich erkennen,
Komm, erkläre felbft dein wort, Daß
wir dich recht Meifter nennen, Und dir
dienen fort und fort.

5. Bift du mitten unter denen, Welche
fich nach deinem heil Mit vereintem feuf=
zen fehnen; O! fo fey auch unfer theil.

6. Lehr uns fingen, lehr uns beten,
Hauch uns an mit deinem Geift, Daß
wir für den Vater treten, Wie es kindlich
ift und heißt.

7. Sammle die zerftreuten finnen,
Stöhr die flatterhaftigkeit, Laß uns licht
und kraft gewinnen, Zu der Chriften
wifenheit.

8. O du haupt der rechten glieder!
Nimm uns auch zu folchen an, Bring
das abgewichne wieder, Auf die frohe
himmelsbahn.

9. Gieb uns augen, gieb uns ohren,
Gieb uns herzen, die dir gleich; Mach

uns redlich neugeboren, Herr! zu deinem
himmelreich.

10. Ach ja! lehr uns Christen werden,
Christen, die ein licht der welt, Christen,
die ein salz der erden; Ach ja, Herr!
wie's dir gefällt.

### 3.  Mel. Der 134 Psalm. (12)

Herr Jesu Christ, dich zu uns wend,
Den Heil'gen Geist du zu uns send, Der
uns mit seiner gnad regier, Und uns den
weg zur wahrheit führ.

2. Thu auf den mund zum lobe dein,
Bereit das herz zur andacht sein, Den
glauben mehr, stärk den verstand, Daß
uns dein Nam werd wohl bekannt.

3. Bis wir singen mit Gottes heer:
Heilig, heilig ist Gott der Herr, Und
schauen dich von angesicht, In ew'ger
freud und sel'gem licht.

4. Ehr sey dem Vater und dem Sohn,
Sammt heil'gem Geist in einem thron,
Der heiligen Dreyeinigkeit Sey lob und
preiß in ewigkeit.

4. Mel. Liebster Jesu. (14)

Nun Gott lob! es ist vollbracht, Singen,
bäten, lehren, hören; Gott hat alles wohl
gemacht, Drum laßt uns sein lob ver=
mehren. Unser Gott sey hoch gepreiset,
Daß er uns so wohl gespeiset.

2. Wenn der kirchendienst ist aus,
Und uns mitgetheilt der segen, So gehn
wir mit fried nach haus, Wandeln sein
auf Gottes wegen. Gottes Geist uns
ferner leite, Und uns alle wohl bereite.

3. Unsern ausgang segne Gott, Un=
sern eingang gleicher maßen, Segne unser
täglich brod, Segne unser thun und las=
sen, Segne uns mit sel'gem sterben, Und
mach uns zu himmels erben.

5. Mel. Ich will von meiner Missethat. (3)

Nun haben wir des Herrn wort Wie=
drum aufs neu gehört. Ach Jesu, liebster
seelen = hort, Schenke daß es fruchtbar
werd, Daß jedes herz werd aufgeweckt,

Das noch im schlaf der Sünde steckt, Und
sich zu dir bekehre.

2. Gieß deines geistes balsamkraft In
ein jedes herze aus, Auf daß doch werd
mit ernst geschaft Wahre buß in jedem
haus. Damit dein süßes gnaden = licht
Die große finsterniß zerbricht, Die unsre
zeit bedecket.

3. Ach Herr, erneure deine g'mein,
Pflanze lieb und einigkeit, Und tilge den
zertrennungs = schein, Töbte die parthei=
ligkeit; Laß lieb und demuth herrscher
seyn, Daß sich in deinem geist allein Dein
ganze g'mein verbinde.

6. Mel. Du glaubigs herz, so benebey. (3)

O guter Gott, wir seynd am ort, Wie
du es hast befohlen, Zu versammeln an
ein ort, Um dein rein wort zu lehren;
Gieb's deinem diener in den mund, Was
er soll reden zu der stund, Nach deinem
rath und willen.

2. Schleuß auf die herzen auch zu=

gleich, Mit andacht drauf zu merken,
Was der wille Gottes sey, Demselben
bald zu folgen, Und glauben an sein
lieben sohn, Welcher kam von des him=
mels thron, Den rechten weg zu lehren.

3. Daß man bußfertig werden soll,
Und sich zu Gott bekehren, Und auf den
glauben taufen lahn, Wie Jesus hat
befohlen, Um ein glied in seiner gemein
Zu werden hier auf erden klein, Und
folgen seiner lehre.

4. O sünder, olge seiner lehr, Und
thu dich zu ihm kehren; Er ist der weg
und auch die thür, Der dich zu Gott
will führen: Laß ab von deinem hoch=
muthssinn, Und beuge dich in demuth hin
Zu deines Jesu füßen.

5. Und höre seiner lehre zu, Und folge
ihr von herzen; So wirst du finden
seelenruh, Und end'gen pein und schmer=
zen. Drum komme bald und säume nicht,
Weil dir noch scheint das gnaden=licht,
So nimm den ruf zu herzen.

# Vom Wort Gottes.

—

7.  Mel. Heute ist das rechte jubelfest. (8)

O Herre Gott! Dein göttlich wort Ist
lang verdunkelt blieben, Bis durch dein
gnad Uns ist gesagt, Was Paulus hat
geschrieben, Und andere apostel mehr,
Aus dein'm göttlichen munde Deß dank
ich dir Mit fleis, daß wir Erlebet diese
stunde.

2. Daß es mit macht An tag ist
bracht, Wie klärlich ist vor augen; Ach
Gott mein Herr! Erbarm dich der'r,
Die dich noch jetzt verleugnen, Und achten sehr Auf menschen lehr, Darin sie
doch verderben, Deins worts verstand
Mach ihn'n bekannt, Daß sie nicht ewig
sterben.

3. Ich glaube gar, Als theu'r und
wahr, Was die apostel schreiben: Eh
muß geschehen, Und all's vergehn, Dein

göttlich wort soll bleiben In ewigkeit,
Wär es auch leid Viel hart verstockten
herzen, Kehr'n sie nicht um, Werden sie
drum Leiden gar großen schmerzen.

8. Mel. O Herre Gott dein göttlich. (8)

Dein wort ist, Herr! die rechte lehr,
Ein licht, das uns erleuchtet; Ein schild
zu unsrer gegenwehr; Ein thau, der uns
befeuchtet; Ein stärkungstrank, Wann
wir uns krank An seel und müth befin-
den; Ein vestes band, Das unsre hand
Mit deiner kann verbinden.

2. So führe dann auf rechtem pfad,
Durch diß dein licht, mich blinden; Laß
mich durch deinen schutz und rath Den
satan überwinden; Die süßigkeit Laß allezeit Von deinem wort mich schmecken;
Und deine gunst In mir die brunst Der
gegenlieb erwecken.

3. Verleih auch deinen guten geist,
Der alles das versiegle, Worin dein wort
mich unterweißt, Daß ich mich drin be-

ſpiegle, Und immerdar Diß, was ich war
Und was ich bin, erkenne, Auch niemals
mehr Von deiner lehr In ſünd und irr=
thum renne.

4. Gieb meinem glauben ſtärk und
kraft, Die alles kann vollbringen, Damit
durch deſſen eigenſchaft Ich ritterlich kann
ringen, Und kreutz und noth, Ja gar den
tod, Viel lieber woll erleiden, Als daß
ich hier Vom wort und dir Mich ließ
aus kleinmuth ſcheiden.

---

# Chriſtfeſt-Geſänge.

---

9. Mel. Gott des himmels. (25)

Ach! was hat dich doch bewogen Von
des hohen himmels ſaal? :,: Was hat
dich herabgezogen In dies tiefe jammer=
thal? Jeſu meine freud und wonn, Mei=
nes herzens werthe kron.

2. Deine große menſchenliebe, Welche
unausſprechlich iſt :,: Und die mehr als
vater=triebe Machten, daß du kommen biſt:
Jeſu, meine freud und wonn, Meines
herzens ꝛc.

3. Du biſt uns von Gott erkohren,
Gleich wie wir ein menſchenkind :,: Du
biſt ohne ſchuld geboren, Haſt bezahlt
für unſre ſünd :,: Jeſu, meine freud und
wonn, Meines ꝛc.

4. Du haſt dich aus lieb ergeben Für
uns in den bittern tod :,: Dadurch wie=
derbracht das leben, Und verſöhnet uns
mit Gott: Jeſu, meine freud und wonn,
Meines herzens ꝛc.

5. Hilf, daß wir dies recht bedenken,
Schenke herzens redlichkeit :,: Dir zum
opfer uns zu ſchenken, Ja die ganze
lebenszeit: Jeſu, meine freud und wonn,
Meines ꝛc.

6. Bis wir dich dereinſt dort oben, In
des hohen himmels thron :,: Werden ohn
aufhören loben, In der engel ſüßem ton:
Jeſu, meine freud und wonn, Meines ꝛc.

10. Mel. Kommt her zu. (6)

Gott lob! die hoch gewünſchte zeit,
Der anfang unſrer ſeligkeit Und unſrer
hülf iſt kommen; Des ew'gen Vaters
ew'ges kind Sich mit uns menſchen nun
verbindt, Hat fleiſch an ſich genommen.

2. Zu Bethlehem, in Davids ſtadt,
Wie Micha das verkündigt hat, Iſt er
ein menſch geboren. O großes heil! wär
dieſes nicht; Würd alles was geſchaut
das licht, Und ſchauen ſoll, verloren.

3. Sein armer ſtand, ſein dürftig ſeyn,
Bringt uns den größten reichthum ein,
In ihm ſind wir geboren; Hat Adam
uns in ſchuld geſetzt, All unſer haab in
grund verletzt? Er wird uns wohl ver=
ſorgen.

4. Seht nicht die ſchlechten windeln
an, Und was vernunft hie tadeln kann:
In dieſer krippen enge Iſt eingehüllt das
heil der welt, Der wunderbare große
held, Der herrſcher vieler menge.

5. Der ew'ge Gott, des Vaters wort, Ist unser bruder, hülf und hort, Auf den wir sicher trauen: Komm ganze welt, ach komm herbey, Hier kannst du, daß Gott gnädig sey, Aus klaren augen schauen.

11. Mel. Warum soll ich mich. (43)

Fröhlich soll mein herze springen, Dieser zeit, Da für freud Alle engel singen; Hört, hört, wie mit vollen choren Alle luft Laute ruft: Christus ist geboren.

2. Heute geht aus seiner kammer Gottes held, Der die welt Reißt aus allem jammer; Gott wird mensch, dir, mensch, zu gute. Gottes kind Das verbindt Sich mit unserm blute.

3. Sollt uns Gott nun können hassen, Der uns giebt, Was er liebt, Ueber alle massen? Gott giebt, unserm leid zu wehren, Seinen Sohn Aus dem thron Setzer macht und ehren.

4. Sollte von uns seyn gekehret, Der in reich Und zugleich Sich selbst uns

verehret? Sollt uns Gottes Sohn nicht
lieben, Der jetzt kömmt, Von uns nimmt,
Was uns will betrüben?

5. Hätte für der menſchen orden Un=
ſer heil Einen greul, Wär er nicht menſch
worden: Hätt er luſt zu unſerm ſchaden,
Ey ſo würd Unſre bürd Er nicht auf ſich
laden.

6. Er nimmt auf ſich, was auf erben
Wir gethan, Giebt ſich an, Unſer lamm
zu werden; Unſer lamm, das für uns
ſtirbet, Und bey Gott, Für den tod, Gnad
und fried erwirbet.

7. Nun er liegt in ſeiner krippen, Ruft
zu ſich Mich und dich, Spricht mit ſüßen
lippen: Laſſet fahr'n, o liebe brüder!
Was euch quält, Was euch fehlt, Ich
bring alles wieder.

8. Ey ſo kommt, und laßt uns laufen,
Stellt euch ein, Groß und klein, Eilt mit
größen haufen! Liebt den, der für liebe
brennet, Schaut den ſtern, Der euch gern
Licht und labſal gönnet.

**12.** Meinen Jeſum laß. (35)

Jeſus iſt der ſchönſte nam Aller, die vom himmel kommen, Huldreich, prächtig, tugendſam, Den Gott ſelber angenommen; Seiner großen lieblichkeit Gleicht kein name weit und breit.

2. Jeſus iſt das heil der welt, Meine arzney für die ſünden; Jeſus iſt ein ſtarker held, Unſre feind' zu überwinden, Wo nur Jeſus wird gehört, Wird der teufel bald zerſtört.

3. Jeſus iſt der weiſen ſtein, Der geſundheit giebt und leben. Jeſus hilft von aller pein, Die den menſchen kann umgeben. Lege Jeſum nur ins herz, So verliert ſich aller ſchmerz.

4. Jeſus iſt mein ew'ger ſchatz, Und ein abgrund alles guten; Jeſus iſt ein freudenplatz Voller ſüßen himmelsfluthen; Jeſus iſt ein kühler thau, Der erfriſchet feld und au.

5. Jeſus iſt der ſüße brunn, Der die ſeelen recht erquicket; Jeſus iſt die ew'ge

**2**

ſonn, Deren ſtrahl uns ganz entzücket.
Willt du froh und freudig ſeyn? Laß
ihn nur zu dir hinein.

6. Jeſus iſt der liebſte ton, Den mir
alle welt kann ſingen, Ja, ich bin im
Himmel ſchon, Wenn ich Jeſum hör'
erklingen. Jeſus iſt mein's herzens freud,
Meine ew'ge ſeligkeit.

7. Jeſus iſt mein himmelsbrod, Das
mir ſchmeckt wie ichs begehre; Er erhält
mich für dem tod, Stärkt mich, daß ich
ewig lebe. Zucker iſt er mir im mund;
Balſam, wenn ich bin verwundt.

8. Jeſus iſt der lebensbaum, Voller
edlen tugend-früchte, Wenn er findt im
herzen raum, Wird das unkraut ganz
zu nichte; Alles gift und unheil weicht,
Was ſein ſchatten nur erreicht.

9. Jeſus iſt das höchſte gut, In dem
himmel und auf erden, Jeſus name macht
mir muth, Daß ich nicht kann traurig
werden. Jeſus name ſoll allein Mir der
liebſte name ſeyn.

# Neujahrs-Gefänge.

### 13. Mel. Wer Chriſtum. (20)

Wer ſich im geiſt beſchneidet, Und als
ein wahrer chriſt Des fleiſches tödtung
leidet, Die ſo hochnöthig iſt, Der wird dem
Heiland gleich, Der auch beſchnitten worden, Und tritt in kreutzes-orden, In ſeinem gnadenreich.

2. Wer ſo dies jahr anhebet, Der
folget Chriſti lehr; Weil er im geiſte
lebet, Und nicht im fleiſche mehr. Er iſt
ein Gottes-kind, Von oben her geboren,
Das alles, was verloren, In ſeinem Jeſu
findt.

3. Doch wie muß diß beſchneiden Im
geiſt, o menſch, geſchehn! Du mußt die
ſünde meiden, Wenn du willt Jeſum
ſehn: Das mittel iſt die buß, Wodurch
das ſteinern herze, In wahrer reu und
ſchmerze, Zerknirſchet werden muß.

4. Ach gieb zu ſolchem werke, In die-

sem neuen jahr, Herr Jesu! kräst und
stärke, Daß sich bald offenbar Dein' himmlische gestalt In vielen tausend seelen,
Die sich mit dir vermählen, O Jesu! thu
es bald.

5. Ach ihr verstockten sünder! Bedenket jahr und zeit, Ihr abgewichnen
kinder, Die ihr in eitelkeit Und wollust
zugebracht; Ach! führt euch Gottes güte
Doch einmal zu gemüthe, Und nehmt die
zeit in acht.

6. Beschneidet eure herzen, Und fallet
Gott zu fuß, In wahrer reu und schmerzen. Es kann die herzensbuß, So gläubig
wird geschehen, Das Vaterherz bewegen,
Daß man wird vielen segen In diesem
jahre sehn.

14. Mel. Wach auf mein herz. (19)

Nun laßt uns gehn und treten, Mit
singen und mit bäten, Zum Herrn, der
unserm leben Bis hieher kraft gegeben.
2. Wir gehn dahin und wandern,

Von einem jahr zum andern, Wir leben
und gedeihen Vom alten bis zum neuen.

3. Durch so viel angst und plagen,
Durch zittern und durch zagen, Durch
krieg und große schrecken, Die alle welt
bedecken.

4. Gieb mir und allen denen, Die
sich von herzen sehnen Nach dir und dei=
ner hulde, Ein herz, das sich gedulde.

5. Sprich deinen milden segen Zu
allen unsern wegen, Laß großen und
auch kleinen Die gnadensonne scheinen.

6. Das alles wollst du geben, O mei=
nes lebens leben! Mir und der christen=
schaare, Zum sel'gen neuen jahre.

———

# Vom Leiden und Sterben Jesu.

—

15. Mel. Sieh hie bin ich. (25)

Setze dich, mein geist, ein wenig, Und
beschau dies wunder groß, Wie dein

Gott und Ehrenkönig Hängt am kreutze
nackt und bloß? Schau die liebe, die
ihn triebe Zu dir aus des Vaters schooß.

2. Ob dich Jesus liebt von herzen
Kannst du hier am kreutze sehn: Schau,
wie alle höllen-schmerzen Ihm bis in die
seele gehn; Fluch und schrecken ihn bedecken, Höre doch sein klaggestöhn.

3. Seine seel, von Gott verlassen, Ist
betrübt bis in den tod; Und sein leib
hängt gleicher maßen, Voller wunden,
blut und koth; Alle kräfte, alle säfte
Sind erschöpft in höchster noth.

4. Diß sind meiner sünden früchte,
Die, mein Heiland, ängsten dich; Dieser
leiden schwer gewichte Sollt zum abgrund
drücken mich; Diese nöthen, die dich tödten, Sollt ich fühlen ewiglich.

5. Doch du hast für mich besieget
Sünde, tod und höllen-macht; Du hast
Gottes recht vergnüget, Seinen willen
ganz vollbracht; Und mir eben zu dem
leben, Durch dein sterben, bahn gemacht.

6. Ach, ich sündenwurm der erden!
Jesu, stirbst du mir zu gut? Soll dein
feind erlöset werden Durch dein eigen
herzensblut? Ich muß schweigen und
mich beugen Für dies unverdiente gut.

7. Seel und leben, leib und glieder
Giebst du alle für mich hin: Sollt ich
dir nicht schenken wieder Alles, was ich
hab und bin? Ich bin deine ganz al=
leine, Dir verschreib ich herz und sinn.

8. Dir will ich, durch deine gnade,
Bleiben bis in tod getreu: Alle leiden,
schand und schade Sollen mich nicht ma=
chen scheu: Deinen willen zu erfüllen,
Meiner seelen speise sey.

9. Tränk mit deinem blut mich ar=
men, Es zerbricht der sünden kraft: Es
kann bald mein herz erwarmen, Und ein
neues leben schaft: Ach durchfließe, ach
durchsüße Mich mit diesem Lebenssaft.

10. Zeuch, durch deines todes kräfte,
Mich in deinen tod hinein; Laß mein
fleisch und sein geschäfte Mit dir ange=

nagelt seyn, Daß mein wille, sanft und stille Und die liebe werde rein.

11. Laß in allen leidenswegen Deine leiden stärken mich, Daß mein leiden mir zum segen Mag gedeihen stetiglich; Daß mein herze, auch im schmerze, Ohne wan=ken liebe dich.

12. Wann mich schrecken meine sün=den, Wann mich satans list ansicht, Wann ich kraft noch gnad kann finden, Wollst du mich verlassen nicht. Laß dein ster=ben mir erwerben Trost im tod und im gericht.

13. Jesu, nun ich will ergeben Mei=nen geist in deine hand; Laß mich dir alleine leben, Bis ich nach dem leidens=stand Bey dir wohne in der krone Dich beschau im vaterland.

16. Mel. Herr Jesu Christ, ich. (3)

O seele! schaue Jesum an, Hier kannst du recht erkennen, Was wahre demuth heißen kann, Und was wir sanftmuth

nennen! Er stellt sich dir zum muster
dar; Wie Jesus Christ gesinnet war, So
sey du auch gesinnet.

2. Er war des großen Gottes sohn,
Der brunnquell aller güte, Doch senkt
er sich von seinem thron In menschliches
geblüte; Er prangte nicht mit der gewalt,
Er gieng in armer knechtsgestalt: So sey
du auch gesinnet.

3. Er sah die ganze lebenszeit Auf
seines vaters willen, Und sucht in tieser
niedrigkeit Denselben zu erfüllen; Dann
alles, was er redt und that, Geschah
auf seines Vaters rath: So sey du auch
gesinnet.

4. Sein ganzes thun bestand darin,
Daß er uns menschen diente; Er hielt
ihm dieses vor gewinn, Wann unser
glücke grünte; Er nahm die größten sün=
der an, Hat auch den feinden guts gethan:
So sey du auch gesinnet.

5. Das böse sucht er alsobald Mit
gutem zu vergelten; Man hörte, wann
die welt ihn schalt, Ihn niemals wieder

schelten. Er giebt es seinem Vater hin,
So sanft ist deines Jesus sinn: So sey
du auch gesinnet.

6. Nun seele, wann der hochmuth sich
In dir gewaltig reget, So stärke der
erlöser dich, So wird der feind erleget;
Ach! nimm doch dessen wort in acht,
Dann er hat alles wohl gemacht: So
sey du auch gesinnet.

## Oster-Gesänge.

#### 17.  Mel. Es ist das heil. (3)

Ihr christen seht, daß ihr ausfegt, Was
sich in euch von sünden Und altem sauerteig noch regt, Nichts muß sich deß mehr
finden; Daß ihr ein neuer teig mögt
seyn, Der ungesäuert sey und rein, Ein
teig, der Gott gefalle.

2. Habt doch darauf genaue acht, Daß
ihr euch wohl probiret, Wie ihr vor Gott

in allem macht, Und euren wandel füh=
ret. Ein wenig sauerteig gar leicht. Den
ganzen teig fortan durchschleicht, Daß er
wird ganz durchsäuert.

3. Also es mit den sünden ist: Wo
eine herrschend bleibet, Da bleibt auch,
was zu jeder frist Zum bösen ferner trei=
bet; Das osterlamm im neuen bund
Erfordert daß des herzens grund Ganz
rein von allem werde.

4. Wer ostern halten will, der muß
Dabey nicht unterlassen, Die bittern sal=
zen wahrer buß, Er muß das böse hassen;
Daß Christus, unser osterlamm, Für uns
geschlacht am kreutzesstamm Ihn durch
sein blut rein mache.

5. Drum laßt uns nicht im sauerteig
Der bosheit, ostern essen, Noch auch der
schalkheit mancherley, Die so tief ein=
gesessen; Vielmehr laßt uns die osterzeit
Im süßen teig der lauterkeit Und wahr=
heit christlich halten.

6. Herr Jesu, osterlamm, verleih Uns
deine ostergaben, Den frieden, und daß

wir dabey Ein reines herze haben! Gieb,
daß in uns dein heiligs wort Der sünden
sauerteig hinfort Je mehr und mehr aus=
fege.

---

## Himmelfahrts=Gesang.

---

18. Mel. Der 100 Psalm. (12)

Als vierzig tag nach ostern war'n, Und
Christus wollt gen himmel fahr'n, B'schied
er sein' jünger auf den berg, Vollendt
hat er sein amt und werk.

2. Er sprach: all ding erfüllet sind,
Die man von mir geschrieben findt In
propheten und Moses lahr. Die schrift
er ihn'n ausleget klar.

3. Also (sprach er) hats müßen seyn,
Daß Christus litt des todes pein, Und
mußt wieder vom tod aufstehn, Durch
kreutz und tod in sein reich gehn.

4. Im himmel ist mir all gewalt

Geben, auf erden gleicher g'stalt, Deß
sollt ihr meine zeugen seyn, Solchs wird
mein geist. euch lehren fein.

5. Geht hin, predigt in meinem nam'n
Vergebung. der sünd jedermann, Tauft
und lehrt alle völker gleich, Und sammelt
mir ein ewig reich.

6. Wer glaubet und sich taufen läßt,
Derselb die seligkeit hat vest; Wer aber
nicht glaubt, wird verdammt. Solches
der welt kund thut allsämmt.

7. All's was ihr habt von mir gehört,
Mit fleiß dasselb sie halten lehrt; Ich
will bey euch seyn bis ans end, Wartet
bis ich mein'n geist euch send.

## Pfingstfest=Gesänge.

19. Mel. Wohl dem, der in Gottesfurcht. (12)

Als Jesus Christus, Gottes Sohn, Mit
seiner leiblichen person. Von dieser welt

abscheiden wollt, Und sprach zu seinen jüngern hold:

2. Ich geh zu Gottes Majestät; Ihr aber sollt warten stät, Bis euch zuvor himmlische kraft Bestätige zur ritterschaft.

3. Die jünger glaubten diesem wort, Blieben zusammen an ein'm ort, Einträchtig nach christlicher weis, Baten zu Gott mit allem fleiß.

4. Nach ostern am fünfzigsten tag, Den man den pfingsttag nennen mag, Neun tag nach Christi himmelfahrt, Groß' ding ihn'n wurden offenbart.

5. Des morgens um die dritte stund, Als sie baten aus herzensgrund, Da kam der heilig' Geist ins haus, Wie ein sturmwind mit großem brauß.

6. Saß auf ein jeden unter ihn'n, Gab allen ein rechtschaffnen sinn, Aus zu reden den grund der schrift Mit neuen zungen unvergift.

20. Mel. Gott des himmels. (25)

Komm, o komm, du Geist des lebens,
Wahrer Gott von ewigkeit! Deine kraft
sey nicht vergebens, Sie erfüll uns jeder=
zeit; So wird geist, und licht und schein,
In dem dunkeln herzen seyn.

2. Gieb in unser herz und sinnen
Weisheit, rath, verstand und zucht, Daß
wir anders nichts beginnen, Dann was
nur dein wille sucht; Dein erkenntniß
werde groß, Und mach uns vom irrthum
los.

3. Zeige, Herr, die wohlfahrtsstege;
Alles was nicht recht gethan, Räume
ferner aus dem wege; Schlecht und
recht sey um uns an: Wirke reu an
sünden statt, Wann der fuß gestrauchelt
hat.

4. Laß uns stets dein zeugniß fühlen,
Daß wir Gottes kinder sind, Die auf
ihn alleine zielen, Wann sich noth und
drangsal findt: Dann des Vaters liebes=
ruth Ist uns allewege gut.

5. Führ uns, daß wir zu ihm treten
Frey mit aller freudigkeit: Mach uns
tüchtig, recht zu bäten, Und vertritt uns
allezeit! So wird unser bitt erhört, Und
die zuversicht vermehrt.

———

# Von Buße und Glauben.

——

21. Mel. Ach was soll. (35)

Jesus nimmt die sünder an! Drum
so will ich nicht verzagen, Wenn mich
meine missethat Und die sünden heftig
plagen. Drücket das gewissen mich, Ey!
so denk ich nur daran, Was mir Gottes
wort verspricht: Jesus nimmt die sün=
der an.

2. Jesus nimmt die sünder an, Wenn
sie sich zu ihm bekehren, Und vergebung
ihrer sünd Nur in wahrer buß begehren.
Sündenlust, drum gute nacht, Ich ver=

laſſe deine bahn, Mich erfreuet, daß ich
hör: Jeſus nimmt die ſünder an.

3. Jeſus nimmt die ſünder an! Wehe
dem, wer dieſen glauben, Dieſe veſte zu=
verſicht, Sich vom ſatan läſſet rauben,
Daß er in der ſündenangſt Nimmer fröh=
lich ſagen kann: Ich bin dennoch ganz
gewiß: Jeſus nimmt die ſünder an.

4. Jeſus nimmt die ſünder an! Die=
ſem hirten unſrer ſeelen Will ich jetzt
und immerdar Mich zu treuer hand em=
pfehlen: Führe mich nach deinem råth,
Daß ich endlich rühmen kann, Wie du
mich verlornes ſchaaf, Jeſu! haſt genom=
men an.

22. Mel. O Jeſu Chriſt, mein's lebens
licht. (12)

Du unbegreiflich höchſtes gut, An wel=
chem klebt mein herz und muth, Ich dürſt,
o lebensquell! nach dir: Ach hilf! ach
lauf! ach komm zu mir!

2. Ich bin ein hirſch, der durſtig iſt
3

Von großer hitz: du, Jesu! bist Vor
diesen hirsch ein seelentrank. Erquicke
mich, dann, ich bin, krank.

3. Ich schreye zu dir mit der stimm,
Ich seufze auch, o Herr! vernimm, Ver=
nimm es doch, du Gnadenquell, Und labe
meine dürre seel.

4. Ein frisches wasser fehlet mir, Herr
Jesu! zeuch, zeuch mich nach dir; Nach
dir ein großer durst mich treibt, Ach!
wär ich dir nur einverleibt.

5. Wo bist du denn, o bräutigam?
Wo weidest du, o Gottes lamm? An
welchem brünnlein ruhest du? Mich dürst,
ach laß mich auch dazu.

6. Ich kann nicht mehr, ich bin zu
schwach, Ich schreye, durst und ruf dir
nach, Der durst muß bald gekühlet seyn,
Du bist ja mein und ich bin dein.


23. Mel. Aus tiefer noth. (3)

Wo soll ich hin, wer helfet mir? Wer
führet mich zum leben? Zu niemand,

Herr! als nur zu dir. Will ich mich frey
begeben. Du bist, der das verlorne sucht;
Du segnest das, so war verflucht; Hilf,
Jesu! dem elenden.

2. Herr! meine sünden ängsten mich;
Der todesleib mich plaget. O Lebens=
gott, erbarme dich! Vergieb mir was
mich naget! Du weißt es wohl, was mir
gebricht; Ich weiß es auch, und sag es
nicht: Hilf, Jesu! dem betrübten.

3. Du sprichst: ich soll mich fürchten
nicht. Du rufst: ich bin das leben;
Drum ist mein trost auf dich gericht;
Du kannst mir alles geben; Im tode
kannst du bey mir stehn, In noth als
herzog für mir gehn; Hilf, Jesu! dem
zerknirschten.

4. Bist du der arzt, der kranke trägt?
Erquicke mich mit segen; Bist du der hirt,
der schwache pflegt? Auf dich will ich
mich legen: Ich bin gefährlich krank und
schwach, Heil' und verbind, hör' an die
klag; Hilf, Jesu! dem zerschlagnen.

5. Ich thue nicht, Herr, was ich soll;
Wie kann es doch bestehen? Es drücket
mich, das weißt du wohl; Wie wird es
endlich gehen? Elender ich! wer wird
mich doch Erlösen von dem todesjoch?
Ich danke Gott durch Christum.

24. Mel. Nun danket Gott von herzen.

(7)

Merkt auf, ihr menschenkinder, Und
nehmt zu herzen wohl, Spricht Gott zu
allen sünder: Ein jed'r mich fürchten
soll. Ich laß nicht unvergolten Kein sünd
noch missethat, Wer mir nicht dienen
wollte, Der hat bey mir kein gnad.

2. Doch ist nicht mein gefallen, Daß
der sünder verderb; Das aber sag ich
allen: Daß ein jeder fromm werd. Bekehret euch von herzen, Ihr sünder alle
gleich, Wollt ihr vermeiden schmerzen,
Zu mir gehn in mein reich.

3. Ich bin heilig und reine, Wahr=
haft, gerecht und gut, So will ich hon
ein g'meine Die meinen willen thut,
Kein sünder will ich hone Wohl in
dem reiche mein, Niemand will ich ver=
schonen, Der bös muß draussen seyn.

4. Das nehmet wohl zu herzen Ihr
völker allgemein, Gott läßt nicht mit
ihm scherzen, Kein sünd'r wird selig
seyn, Sondern allein die frommen, Die
halten seinen bund, Werden in sein
reich kommen, Die bös'n in höllengrund.


25. Mel. Gott wills machen daß. (11)

Wo ist Jesus, mein verlangen, Mein
geliebter Herr und freund? Wo ist er
dann hingegangen, Wo mag er zu finden
seyn? Meine seel ist sehr betrübet, Mit
viel sünden abgematt: Wo ist Jesus, den
sie liebet? Den begehrt sie tag und nacht.

2. Ach ich ruf vor angst und schmer=

zen, Wo ist dann mein Jesus hin? Kein
ruh ist in meinem herzen, So lang bis
ich bey ihm bin. Ach wer giebt mir tau=
ben=flügel? Daß ich kann zu jeder frist
Fliegen über berg und hügel, Suchen wo
mein Jesus ist

3. Er vertreibet angst und schmerzen,
Er vertreibet sünd und tod, Den sie quä=
len in dem herzen, der hilft jedem aus der
noth. Darum will ich nicht nachlassen,
Will bald laufen hin und her, Auf den
feldern, auf den straßen, Will ihn suchen
mehr und mehr.

4. Liebster Jesu laß dich finden, Meine
seele schreyt in mir, Thu mir mit den au=
gen winken, Laß sie eilends seyn bey dir.
Ach laß mich die gnad erlangen, Allerlieb=
ster Jesu mein! Und nimm meine seel
gefangen, daß sie immer bey dir seyn.

5. Ach ich sterb vor lauter freuden,
Ich find Jesum, meinen schatz; Alle welt=
lust will ich meiden, Bey ihm will ich fin=

den plaß. Nunmehr soll mich nichts be=
trüben, Was mich vor betrübet hat, Ich
will nichts als Jesum lieben, Den mein
seel gefunden hat.

26. Mel. Wie freuet sich mein. (15)

Spar deine buße nicht Von einem Jahr
zum andern, Du weißt nicht, wann du
mußt Aus dieser welt wegwandern; Du
mußt nach deinem tod Vor Gottes ange=
ficht; Ach! denke fleißig dran: Spar deine
buße nicht!

2. Spar deine buße nicht, Bis daß
du alt wirst werden; Du weißt nicht zeit
und stund, Wie lang du lebst auf erden:
Wie bald verlöschet doch Der menschen
lebens=licht! Wie bald ist es geschehn!
Spar deine buße nicht!

3. Spar deine buße nicht Bis auf das
todesbette; Zerreisse doch in zeit Die starke
sündenkette. Denk an die todesangst, Wie
da das herze bricht, Mach dich von sünden
los: Spar deine buße nicht!

4. Spar deine buße nicht, Weil du
bist jung von jahren, Da du erst lust und
freud Willst in der welt erfahren; Die
jungen sterben auch Und müssen vors ge=
richt: Drum ändre dich bey zeit, Spar
deine buße nicht!

5. Spar deine buße nicht; Dein leben
wird sich enden; Drum laß den satan doch
Dich nicht sogar verblenden; Dann wer
da in der welt Viel böses angericht, Der
muß zur höllen gehn. Spar deine buße
nicht!

6. Spar deine buße nicht, Dieweil du
noch kannst bäten, So laß nicht ab vor
Gott In wahrer buß zu treten; Bereue
deine sünd; Wann dieses nicht geschieht,
Weh deiner armen seel! Spar deine buße
nicht!

7. Spar deine buße nicht; Ach! ändre
heut dein leben, Und sprich: ich hab mein
herz Nun meinem Gott gegeben. Ich setz
auf Jesum Christ All meine zuversicht;

So wirst du selig seyn: Spar deine buße nicht!

27. Mel. Der 42 Psalm. (18)

Zion klagt mit angst und schmerzen, Zion, Gottes werthe stadt, Die er trägt in seinem herzen, Die er ihm erwählet hat: Ach: (spricht sie) wie hat mein Gott Mich verlassen in der noth, Und läßt mich so harte pressen, Meiner hat er ganz vergessen.

2. Der Gott, der mir hat versprochen Seinen beystand jederzeit, Der läßt sich vergebens suchen Jetzt in meiner traurigkeit. Ach! will er dann für und für Grausam zürnen über mir? Kann und will er sich der armen Jetzt nicht, wie vorhin erbarmen?

3. Zion, o du vielgeliebte! Sprach zu ihr des Herren mund: Zwar, du bist jetzt die betrübte, Seel und geist ist dir verwundt; Doch stell alles trauern ein, Wo mag eine

mutter seyn, Die ihr eigen kind kann haſ=
ſen, Und aus ihrer ſorge laſſen?

4. Ja wann du gleich möchteſt finden
Einen ſolchen mutterſinn, Da die liebe
kann verſchwinden, So bleib ich doch wer
ich bin: Meine treu bleibt gegen dir,
Zion, o du meine zier! Du haſt mir
mein herz beſeſſen, Deiner kann ich nicht
vergeſſen.

## Von der Taufe.

28. Mel. O ſohn David. (8)

Chriſtus das lamm auf erden kam, Nach's
vaters rath und willen, Alles was Gott
verheiſſen hat, Daſſelb thut er erfüllen,
Wie Adams ſchuld, uns die unhuld
Bracht, und göttlichen zoren, Daſſelbig
iſt durch Jeſum Chriſt Wieder verſöhnet
worden.

2. Auf daß da wird fündlicher bürd
Der menfch allhie entladen, Ift ihm ge=
zeigt ein arzt bereit, Chriftus der heilt den
fchaden. · Derfelbig hat erworben gnad
Allen völkern gemeine, Wer die will hon,
der muß abftohn Von aller fünd unreine.

3. Merk Gottes rath: da von dem
tod Chriftus war aufgeftanden, Daß fein
urftänd, allhie behend Kund wird in allen
landen, Und auch die gnad, wie er fie hat
Bey dem vater empfangen; Sandt er fein'
knecht unter all g'fchlecht, Daß fies thäten
erlangen.

4. Dann alfo hat göttlicher rath Be=
fohlen hie auf erden, Daß man fein wort,
an allem ort, Zu der buß foll thun leh=
ren. · Wer dem glaubt und wird getauft,
Der foll ewiglich leben; Wer nicht ge=
laubt, wirds lebens b'raubt, Verdamnniß
wird ihm geben.

5. Aus dem gehör chriftlicher lehr,
Der glaube thut herkommen, Alsdann die
tauf gehört darauf, So man's wort hat
angenommen. Die tauf da ift in Jefu

Chriſt, Ein bund aus gutem g'wiſſen.
Darnach man iſt hie in der friſt, Ab=
ſagen's teufels liſten.

6. Daß man fortan ſoll leben thun
In dem göttlichen willen. Darzu die
pflicht im tauf geſchicht, Daß man den ſoll
erfüllen. Wie einem mann iſt unterthan
Sein gemahl hie auf erden, Alſo wird
man vermählet ſchon Im tauf Chriſto dem
Herren.

29. Mel: Was mein Gott will, geſcheh. (8)

Sey Gott getreu, halt ſeinen bund, O
menſch! in deinem leben, Leg dieſen ſtein
zum erſten grund, Bleib ihm allein erge=
ben; Denk an den kauf in deiner tauf,
Da er ſich dir verſchrieben, Bey ſeinem
eib, in ewigkeit Als vater dich zu lieben.

2. Sey Gott getreu, laß keinen wind
Des kreuzes dich, abkehren; Iſt er dein
vater, du ſein kind, Was willt du mehr
begehren? Dies höchſte Gut macht rechten
muth: Kann ſeine huld dir werden, Nichts

beſſer iſt, mein lieber Chriſt! Im himmel
und auf erden.

3. Sey Gott getreu von jugend auf,
Laß dich kein luſt noch leiden In deinem
ganzen lebenslauf Von ſeiner liebe ſchei=
den: Sein' alte treu wird täglich neu,
Sein wort ſteht nicht auf ſchrauben; Was
er verſpricht, das bricht er nicht, Das ſollt
du kühnlich glauben.

4. Sey Gott getreu in deinem ſtand,
Darin er dich geſetzet: Wann er dich hält
mit ſeiner hand, Wer iſt der dich verletzet?
Wer ſeine gnad zur bruſtwehr hat, Kein
teufel kann ihm ſchaden; Wo dies ſtackett
um einen ſteht, Dem bleibet wohl gerathen.

5. Sey Gott getreu, ſein liebes wort
Standhaftig zu bekennen, Steh feſt daran
an allem ort, Laß dich davon nicht tren=
nen: Was dieſe welt in armen hält,
Muß alles noch vergehen, Sein liebes
wort bleibt ewig fort Ohn alles wanken
ſtehen.

**30.** Mel. Es ist das heil. (3)

Wann man allhier der welt ihr thun
Beschämt in keuschem leben; Dann dräut
sie uns gar bald den lohn, Will man nicht
ihr ankleben, So man sich Christus zuge=
sagt, Und ihren brauch ungültig acht't,
Nach Gottes recht zu leben.

2. Ein geist, ein leib, ein gläub, ein
tauf, In einem sinn zu zeigen, Und auch
nach Christi lebenslauf Sich gänzlich hin=
zuneigen, Das falsche von sich auszuthun,
Wie lehrt das evangelion; So ist man
bald verworfen.

3. Die wahrheit hat uns so gelehrt,
Nach solchem sinn zu leben, Welcher da sey
zur buß bekehrt, Im glauben Gott erge=
ben, Daß er solchs durch die tauf bekenn,
Und zu Gott sich vom fälschen trenn, Nach
aller wahrheit streben.

4. Was nun Gott nicht geboten hat,
Das mag man nicht gut heißen: Man
läßt der welt der menschenrath, Ob sie uns

auch verweisen, Und nennen uns verfüh=
rer hier, So leben wir nach Christi lehr,
In unverfälschten wegen.

5. Was schadt uns, ob die welt uns
flucht, Ihr spotten, schelten, lachen? Ob
sie uns auch mit kreutz versucht, daß sie
frey wacker machen; Wenn wir nur blei=
ben Gott getreu, So dients uns, wann
wir werden frey, Zu unsern heil und
besten.

6. Nachdem uns Gott das neue kleid
Des heils hat angezogen, So thut er uns
im geist geleit, Und bleibt uns stets gewo=
gen, Er führt uns hin durch alle noth,
Und sey es auch des kreutzes tod, In seiner
liebe, amen.

# Vom Gedächtniß des Leidens und Sterbens Jesu.

———

31. Mel. O sohn David. (8)

Merkt auf mit fleiß, ein himmelspreis
Ist uns von Gott gegeben, Durch Jesum
Christ, welcher da ist Gottes wort, ver=
nimm mich eben. Denselben hat im An=
fang Gott Den vätern thun verheißen,
Zur seligkeit und ew'ger freud, Darin'n
thät er es leisten.

2. Christus das lamm auf erden kam
Um aller menschen willen, Daß er behend
das g'setz vollend, Welchs niemand mocht
erfüllen, Wie es dann Gott gestellet hat
Durch Mosen seinen knechte, In der figur,
welche war nur Weisend auf Christum
rechte.

3. Christus der Herr stellt uns die
lehr, Dieselb thut uns bescheiden: Wirket

die buß, folgt meinem fuß, Und thund all
sünd vermeiden; Die sitten sein stellt er
ganz rein, Darnach wir sollen leben, Zu
Gottes preiß, merk auf mit fleiß, Darum
sind sie uns geben.

4. Als war die zeit, nach dem bescheid,
Daß Christus nun sollt leiden, Eh ers
vollendt, heißt er behend, Ihm ein lämm-
ein bereiten. Daselb er auch, nach
j'setzes brauch, Mit den jüngern thät ge-
ießen. Darnach er b'hend das alt vollend, Ein neu's thät er beschließen.

5. Da die stund kam, das brod er
nahm, Thät dem Vater lob sprechen, Dasselb er brach, zu'n jüngern sprach: Nehmt
hin und thut das essen, Darbey ihr mein
sollt g'denken seyn, Mein leib will ich da
geben Für euch, und viel ich leiden will,
Daß ihr mit mir thut leben.

6. Dergleichen auch mit solchem brauch,
Hat er den kelch genommen, Aus vaters
gnad, ihm danket hat, Und den geben den
jüngern; Er sprach dabey: der kelch da
sey Des neuen testamentes In meinem

4

blut, g'schicht euch zu gut. Am kreutz thät
ers vollenden.

32. Mel. O Jesu Christ, mein. (12)

O Jesu du mein bräutigam! Der du
aus lieb ans kreutzes=stamm Für mich den
tod gelitten hast, Und weggethan der sün=
den last.

2. Ich komm zu deinem abendmal;
Mich beugt so mancher sündenfall; Die
seelenwunden schmerzen mich: Erbarme
dich, erbarme dich!

3. Du bist der arzt, du bist das licht,
Du bist der Herr, dem nichts gebricht; Du
bist der brünn der herrlichkeit, Du bist das
rechte hochzeitskleid.

4. Darum, Herr Jesu! bitt ich dich,
In meiner schwachheit heile mich; Was
unrein ist, das mache rein Durch deinen
hellen gnadenschein.

5. Erneure den verkehrten sinn, Nimm
mich zu dir im glauben hin; Sey mir in

armuth überfluß, Und tröste wann ich wei=
nen muß.

6. Komm, stärke mich, du himmels=
brod; Ich glaube, Herr, du bist mein Gott!
Tief beug' ich heute mich vor dir, Du bist
und bleibst der seelen zier.

7. Lösch alle laster aus in mir, Mein
herz mit lieb und glauben zier, Und was
sonst ist von tugend mehr, Das pflanz in
mir zu deiner ehr.

8. Gieb was mir nütz an seel und
leib, Was schädlich ist, fern von mir treib;
Komm in mein herz; Laß mich mit dir
Vereinigt bleiben für und für.

9. Hilf, daß durch deiner mahlzeit kraft
Das bös in mir werd abgeschafft; Ver=
gieb, Herr, alle sündenschuld, Und habe du
mit mir geduld.

10. Vertreibe alle meine feind, Die
sichtbar und unsichtbar seynd; Den guten
vorsatz, den ich führ, Beveftige dein Geist
in mir.

11. Mein leben, sitten, sinn und pflicht
Nach deinem heil'gen willen richt; Ach!

laß mich meine tag in ruh Und frieden
chriſtlich bringen zu.

12. Bis du mich, o du lebensfürſt!
Zu dir in himmel nehmen wirſt; Daß ich
bey dir dort ewiglich An deiner tafel freue
mich.

33. Mel. Auf chriſten. (28)

Nun lobet alle Gottes Sohn, Der die
erlöſung funden; Beugt eure knie vor ſei=
nem thron, Sein blut hat überwunden;
Preiß, lob, ehr, dank, kraft, weisheit, macht,
Sey dem erwürgten lamm gebracht.

2. Es war uns Gottes licht und gnad,
Und leben hart verriegelt; Sein tiefer
ſinn, ſein wunderrath Wohl ſiebenfach
verſiegelt; Kein menſch, kein engel öfnen
kann: Das lämmlein thuts, drum lobe
man.

3. Die höchſten geiſter allzumal Nun
dir die knie beugen, Der engel millionen
zahl Dir göttlich ehr erzeigen, Ja alle
creatur die ſchreyt: Lob, ehr, preiß, macht,
in ewigkeit.

4. Die patriarchen erster zeit Den lang
verlangten grüßen; Und die propheten
sind erfreut, Daß sies nun mit genießen:
Auch die apostel singen dir Hosanna, mit
den kindern hier.

5. Der märt'rer kron von golde glänzt,
Sie bringen dir die palmen; Die jungfern
weiß, und schön gekränzt, Dir singen hoch-
zeits=psalmen; Sie rufen wie aus einem
mund: Das hat des lammes blut gekonnt.

6. Die väter aus der wüsteney Mit
reichen garben kommen, Die kreutzes=träger
mancherley, Wer zählt die andern from=
men? Sie schreiben deinem blute zu, Den
tapfern sieg, die ew'ge ruh.

7. Nun, dein erkauftes volk allhie
Spricht: halleluja! amen! Wir beugen
jetzt schon unsre knie, In deinem blut und
namen: Bis du uns bringst zusammen
dort, Aus allem volk, geschlecht und ort.

8. Was wird das seyn! wie werden wir
Von ewger gnade sagen! Wie uns dein
wunderführer hier Gesucht, erlößt, getra=

gen; Da jeder seine harfe bringt, Und sein
besonders loblied singt.

34. Mel. Aus meines herzens grunde. (20)

Ihr sünder! kommt gegangen, Seht
euren Jesum an, Wie schmerzlich er thut
hangen. Am bittern kreutzes-stamm; Er-
schrecklich zugericht Sein göttlich angesicht,
Mit blut ganz übermahlet, Gleicht einem
menschen nicht.

2. Vom haupt bis zu den füßen Ist
Jesus ganz zersetzt, Am ganzen leib zer-
rissen, All' glieder sind verletzt. Betrachts,
o menschenkind, Das machet unsre sünd,
Ja, ja die sünd alleine Jesum ans kreutze
bindt.

3. Seht, Jesus fällt in zügen, Der
kräften ganz beraubt, Dem tod muß unten
liegen, Er neiget schon sein haupt; Der
mond und auch die sonn Verfinsteren sich
schon, Mit wehmuth thut bedauern Jesus
Mariä sohn.

4. Darum; ihr christen alle, Bedenkt die gnadenzeit, Man tränket ihn mit galle In seinem großen leib; Sein blut und dornen=kron, Die schmähwort, spott und hohn, Daß ihr zuletzt mögt haben Die schöne kron darvon.

5. Ach Jesu! laß dein leiden, Dein bittern tod und pein, Allhier wann ich muß scheiden, Nur nicht verlohren seyn. Ach gieb mirs zu genuß An meinem letzten end, Daß ich bald thue buß, Dein engel zu mir send.

6. Ach Jesu! laß mir werden Ein sol= ches tröpflein blut Das auf der blosen erden Am kreutz dort liegen thut. Dein rosenfarbes blut, Das komme mir zu gut, Wann sich einmal mein seele Vom leib abscheiden thut.

# Vom Fußwaschen.

**35. Mel. Kommt her zu. (6)**

Ach! wie so lieblich und wie fein Ist es,
wann brüder einig seyn, Im glauben und
in liebe, Wenn sie einander können recht
Die füß waschen als treue knecht, Aus
herzens=demuths=triebe.

2. Diß ist köstlich und ehrens werth,
Weil selbst der Herr auf dieser erd Die
füß g'waschen aus liebe; Den jüngern hat
gezeiget auch, Wie er aus liebe diesen

3. Und auch dabey gesprochen hat:

mich auch erkennet; Ein fürbild ich euch
nun gemacht, Aus liebe in derselben nacht,
Als Judas sich getrennet:

4. Daß ihr sollt im gedächtniß han,
Was euer Meister hat gethan, Und was

er euch geheissen, Wie ihr einander lieben
sollt, Und nur sich keiner trennen wollt,
Wie Judas der Verräther.

5. So laßt uns dann bedenken recht,
In dieser stund als treue knecht, Was fuß=
waschen bedeutet, Damit wir doch in de=
muth auch, Aus lieb begehen diesen brauch,
Uns schicken zu dem leiden;

6. Und auch zu wahrer einigkeit, Ein=
ander lieben ohne neid, In demuth recht
von herzen: Ach daß kein Judas sey da=
bey, Der dieses thu aus heucheley, Welches
der seel macht schmerzen.

7. Dann wer sein Fuß will waschen
lahn, Muß merken wies der Herr gethan,
Und muß dabey gedenken, Wie nöthig sey
die reinigung Der seelen und die heili=
gung, Gewaschen von dem Herren.

8. Nun dann, Herr Jesu zum beschluß,
Schenk dazu deines geistes guß, Jetzund
kräftig von oben; So wollen wir in dieser
stund, Aus unserm ganzen herzensgrund,
Dein große lieb noch loben.

36. Mel. Herzlich thut mich verlangen. (7)

Von herzen woll'n wir singen In fried
und einigkeit, Mit fleiß und ernste dringen
Zu der vollkommenheit, Daß wir Gott
mögen gfallen, Worzu er uns will hon,
Das merkt ihr frommen alle, Laßt euchs
zu herzen gohn.

2. O Gott! du wollst uns geben, Jetzt
und zu aller stund, In deinem wort zu
leben, Zu halten deinen bund, Wollst uns
vollkommen machen, in fried und einigkeit,
Daß du uns findest wachen, Und allezeit
bereit.

3. Wann du nun wirst aufbrechen, O
Herre Jesu Christ! Zu allen frommen
sprechen: Kommt her die ihr seyd g'rüst,
Ich will euch mit mir führen, In meines
Vaters reich, Darin sollt ihr regieren, Und
leben ewiglich.

4. Im reich, das Gott bereitet, Da ist
groß einigkeit, Fried, freud zu allen zeiten,
Ja bis in ewigkeit. Woll'n wir das reich

erlangen, die große einigkeit, Müſſ'n wirs
auf erd empfangen, Daß wir werden
bereit.

5. Dann unſers vaters willen Müſſen
wir hie gleich Auf erd allezeit erfüllen,
Wie in dem himmelreich. Dann alſo thut
uns lehren Unſer Herr Jeſus Chriſt, Daß
wir vollkommen werden, Wie unſer Va=
ter iſt.

6. So thut zu herzen faſſen Die tugend
Jeſu Chriſt, Wie er ihm nicht hat laſſen
Dienen zu jeder friſt. Er ſpricht: ich bin
nicht kommen, Daß man mir dienen ſoll,

laſſen woll.

7. Damit thut er anzeigen Demuth
und niedrigkeit, Dazu die große liebe;

weſen Bey ſeinen jungern ſchon, Die füß
thät er ihn'n wäſchen, Zeigt ihn'n die
liebe an.

8. Alſo thät er ih'n ſagen: Laßt euch
zu herzen gehn, Was ich euch jetzt than
habe, Sollt ihr zum vorbild han. Alſo

sollt ihrs erfüllen, Einander lieben thun,
Das ist meines Vaters willen, Kein'r soll
den andern lahn.

9. Drum laß uns fleißig halten Die
einigkeit im geist, Im glauben unzerspal=
ten, Wie uns dann Paulus heißt, Ja
durch das band des friedens, Jetzt und zu
aller zeit, Weil wir seyn alle glieder, Ver=
faßt in einem leib.

37. Mel.    Mir nach, spricht Christus, unser
held.    (28)

Kommt, laßt uns, ihr liebe brüder, Fol=
gen Gottes lamme nach, Daß wir doch
als wahre glieder Helfen tragen seine
schmach, Und schon hier auf dieser erden
Seines geistes kinder werden.

2. Weil er mit wort und werken rein
Uns herzlich vorgegangen, Darum will er
daß sein gemein Ihm treulich thu anhan=
gen, Daß ja kein Glied in falschem schein
Wie Judas schmäht die liebe sein.

3. Ein herzlich bild hat er gelon, Zu eigen seine liebe, Der jünger süß thät vaschen thun Aus herzens demuths triebe. arum hat er gesprochen auch: Ihr sollt egehen diesen brauch.

4. Und hat gezeuget wahrlich frey, Zu rotz den hochmuths=geister, Daß ja der necht nicht größer sey, Als auch sein Herr nd Meister, Und der apostel gar nichts ehr, Als der wo ihn thut senden her.

5. So thut auch unser Jesu Christ In wahrheit uns bekennen; Wer nicht von ihm gewaschen ist, Kein theil mit ihm kann nehmen. Wer dieses weiß und darnach thut, Deß seel wird rein in Jesu blut.

6. Nun merket wohl, was er gethan Und uns auch hat geheißen, Zu folgen seiner liebesbahn, In demuth uns be= fleißen, Und einander als treue knecht Die füß aus liebe waschen recht.

7. Kommt, lasset uns doch kindlich seyn, Und uusre sünd bereuen, Einander unsre fehler fein Aus herzensgrund ver=

zeihen, Damit uns Jesus mache frey, Und
unsre sünde auch verzeih.

8. Ein jedes such des nächsten gut·Mit
wahrem ernst. und fleiße, Darin die lieb
bestehen thut Auf unsrer pilgerreise, Und
baut die rechte bruderschaft Nach Jesu sinn
und geistes=kraft.

9. Ja lasset uns doch hand an hand·
In wahrer demuth wandeln, Damit das
rechte liebesband Uns kindlich lerne han=
deln, Und eins das andre bauen fein, Zu
Gottes ehr und preis allein.

10. Nun, liebster Jesu! zum beschluß
Thun wir dich herzlich flehen, Wollst geben
uns dein'n liebeskuß, Und selber mit uns
gehen, Uns führen mit dem liebesband Zu
dir ins rechte vaterland.

# Von der Gemeine Gottes.

38. Mel. Mein herzens Jesum. (3)

O Vater der barmherzigkeit! Der du
dir deine heerden Gesammelt zur apostel
zeit, Und herrlich lassen werden; Du hast
durch deines geistes kraft, Die große schaar
der heidenschaft Zu deinem reich berufen.

2. Aus ihrer manigfaltigkeit Des streits
und ihrer sprachen, Dadurch sie, in der
welt zerstreut, Sich von einander brachen,
Hat sie dein guter geist geführt, Und sie
mit herzlichkeit geziert, In einigkeit des
glaubens.

3. Ach! sey doch auch zu dieser zeit,
Uns, Vater! wieder gnädig, Und mach
uns aus der zungen streit Hinwieder frey
und ledig: Gieb, daß dein häuflein für
und für In einem geiste diene dir, In dei=
ner liebe lebe.

4. Ach! schaue, wie des satans list Sie

jämmerlich zertrennet, Wie sichs im zanke
beißt und frißt, Im unverstande brennet;
Wie alles in Verwirrung geht, Da eins
das andere nicht versteht, Und sich un=
nöthig zweyet.

5. Ach! Herr, hilf solchem übel ab,
Versammle deine heerde, Daß unter deines
wortes staab Sie wieder einig werde; Daß
das band der vollkommenheit, Die liebe,
uns aus allem streit, In deinem geiste
bringe.

39. Mel. Mein herzens Jesum. (3)

Wie schön und lieblich sieht es aus,
Wenn brüder sind zusammen Einträchtig=
lich in einem haus, Und stehn in liebes=
flammen! Wenn sie im geist zusammen
stehn, Zu Gott in einem sinne flehn, Und
halten an mit bäten.

2. Gleichwie der balsam edler art, Auf
Aarons haupt gegossen, Ins ganze kleid
von seinem bart Kam niederwärts geflos=
sen; Und wie der tau von Hermonim Fällt

auf Zions gebürge hin, Und alles land
erquicket:

3. Also fließt Gottes Geist und gnad
Von Christo zu uns nieder Auf die, so er
erwählet hat, Auf alle seine glieder: Das
ist die frucht der einigkeit, Heil, segen,
leben allezeit, Und seine himmels=güter.

40. Mel. Der 130 Psalm. (7)

Erhalt uns deine lehre, Herr, zu der letz=
ten zeit: Erhalt dein reich; vermehre Die
theure christenheit; Erhalt standhaften
glauben Und hoffnung immerfort, Und
laß uns ja nicht rauben Dein theures
werthes wort.

2. Erhalt dein ehr, und wehre Dem,
der dir widerspricht: Erleucht, Herr, und
bekehre, Allwissend ewig licht! Was dich bis=
her nicht kennet; Entdecke doch der welt,
Der du dein wort gegönnet, Was einig
dir gefällt.

3. Erhalt, was du gebauet, Und durch
dein blut erkauft, Was du dir hast ver=

5

trauet: Die kirch, auf welch' anlauft Der
grimm'ge sturm des drachen. Sey du ihr
schutz und wall, Daß, ob die welt will kra=
chen, Sie nimmermehr verfall.

4. Erhalt, Herr! deine schaafe, Der
grimmig wolf kommt an: Erwach aus
deinem schlafe Weil niemand retten kann,
Ohn dich du großer hirte! Leit uns auf
gute weid, Treib, nähr, erfreu, bewirthe,
Uns in der wüsten heid.

5. Erhalt uns, Herr! dein erbe, Dein
werthes heiligthum: Zerreiß, zernicht, ver=
derbe, Was wider deinen ruhm: Laß dein
gesetz uns führen, Gönn uns dein him=
melsbrod; Laß heiligkeit uns zieren, Und
treu seyn bis in tod.

6. Erhalt und laß uns hören Dein
wort, das selig macht, Den ausbund guter
lehren, Das licht in finstrer nacht? Daß
dieser brunn uns tränke, Der himmelstau
uns netz, Daß diese richtschnur lenke, Der
honig uns ergetz.

7. Erhalt in sturm und wellen Dein
häuflein, laß doch nicht Uns wind und

wetter fällen, Steur selbst das schiff und
richt Den lauf, daß wir nicht weichen Vom
ziel der seligkeit, Laß uns dasselb erreichen,
Und bis dahin uns leit.

11. Mel. Mensch, nun willt du selig seyn.

(1)

Gelobt sey Gott im höchsten thron,
Der uns hat auserkohren, Hat uns ein
schönen rock anthon, Daß wir seyn neu
geboren.

2. Das ist das recht hochzeitlich kleid,
Damit Gott sein volk zieret, Die hochzeit
's Lamms ist schon bereit, Die frommen
drauf zu führen.

3. Freut euch, ihr liebe christen all,
Daß euch Gott hat ang'nommen, Und
euch bereit einen schönen saal, Darin wir
sollen kommen.

4. Mit ihm halten das abendmahl,
Welches er hat bereitet Denen, die leiden
viel trübsal, Um seinetwillen streiten.

5. Freu dich Zion, du heilge g'mein, Dein bräutgam wird schier kommen, Der dich hat g'macht von sünden rein, Das reich hat er schon g'nommen.

6. Die stadt die hat er schon bereit, Da du sollt sicher wohnen; Er giebt dir auch ein neues kleid, Von reiner seiden schöne.

7. Die seid ist die rechtfertigkeit Der heilgen hie auf erden; Welcher sich jetzt damit bekleidt, Der muß verachtet werden.

8. Selig ist, der da wachen thut, Und sich allzeit bereitet, Und hält die seiden wohl in hut, Damit er ist bekleidet.

9. Welcher sich aber nicht bekleidt Mit dieser reinen seiden, Derselb versäumt ein große freud, Ewig pein muß er leiden.

10. Also hat unser König schon Ein kleid mit blut gesprenget, Der uns aus gnad hat gnommen an, Drum wolln wir Gott lobsingen.

11. Wann der König aufbrechen wird,

Mit der pofaunen schalle, Alsdann werden
mit ihm geführt Die auserwählten alle.


2. Mel. Wer nur den lieben Gott. (27)


Ich habe nun den grund gefunden, Der
meinen anker ewig hält; Wo anders, als
in Jesu wunden? Da lag er vor der zeit
der welt: Den grund der unbeweglich
stcht; Wann erd und himmel untergeht.

2. Es ist das ewige erbarmen, Das
alles denken übersteigt; Es sind die ofnen
liebesarmen Deß, der sich zu dem sünder
neigt, Dem gegen uns das herze bricht,
Daß wir nicht kommen ins gericht.

3. Wir sollen nicht verloren werden;
Gott will, uns soll geholfen seyn. Deswegen kam der Sohn auf erden, Und
nahm hernach den himmel ein; Deswegen
klopft er für und für So stark an unsers
herzens thür.

4. O abgrund! welcher unsre sünden
Durch Christi tod verschlungen hat! Das
heißt die wunden recht verbinden, Da fin=
det kein verdammen statt; Weil Christi
blut beständig schreyt: Barmherzigkeit!
barmherzigkeit!

5. Darein will ich mich gläubig senken,
Dem will ich mich getrost vertraun; Und
wann mich meine sünden kränken, Nur
bald nach Gottes herze schäu'n; Da findet
sich zu aller zeit Unendliche barmherzigkeit.

6. Wird alles andre weggerissen, Was
seel und leib erquicken kann; Darf ich von
keinem troste wissen, Und scheine völlig
ausgethan? Ist die errettung noch so weit,
Mir bleibet doch barmherzigkeit.

7. Beginnt das irdische zu drücken, Ja
häuft sich kummer und verdruß, Daß ich
mich noch in vielen stücken Mit eitlen din=
gen quälen muß: Und werd ich ziemlich
sehr zerstreut, So hoff ich auf barmher=
zigkeit.

8. Muß ich an meinen besten werken,

arinnen, ich gewandelt bin, Viel unvoll=
ommenheit bemerken, So fällt wohl alles
ühmen hin; Doch ist auch dieser trost be=
eit: Ich hoffe auf barmherzigkeit.

9. Es gehe nur nach dessen willen, Bey
em so viel erbarmen ist; Er wolle selbst
ein herze stillen, Damit es das nur nicht
vergißt: So stehet es in lieb und leid,
Ja, durch und auf barmherzigkeit.

10. Bey diesem grunde will ich bleiben,
So lange mich die erde trägt, Das will
ich denken, thun und treiben, So lange
sich ein Glied bewegt: So sing ich einstens
höchst erfreut: O abgrund der barmher=
zigkeit!

43. Mel. Es ist gewißlich an. (3)

O Mensch! wie ist dein herz bestellt?
Hab achtung auf dein leben! Was trägt
für frucht dein herzensfeld? Sinds dornen
oder reben? Denn aus der frucht kennt

man die saat, Auch wer das land gesäet
hat: Gott oder der verderber.

2. Ist nun dein herz dem wege gleich
Und einer nebenstraßen, Da auf dem brei-
ten lastersteig Die vögel alles fraßen;
Ach! prüfe dich, es ist kein scherz; Ist so
bewandt dein armes herz, So bist du zu
beklagen.

3. Denn, ist der saame weggerafft, Vertreten und gefressen, So hast du keine
glaubens-kraft, Noch seelenspeis zu essen.
Fällt dir ins ohr der saame nur, Und nicht
ins herz, so ist die spur Zum leben ganz
vertreten.

4. Ist auch dein herze felsenhart, Ver-
härtet durch die sünden, So ist der saame
schlecht verwahrt Auf solchen felsen-grün-
den. Ein felsenstein hat keinen saft, Drum
hat der saame keine kraft In fruchtbarkeit
zu gründen.

5. So lang noch nicht zerknirscht dein
herz, Und vom gesetz zerschlagen Durch
wahre buße, reu und schmerz, So kanns
nicht früchte tragen; Bedenk es wohl und

thue buß, Glaub vest und falle Gott zu
fuß, So ist dein herz genesen.


44. Mel. Jesu beine h. (18)

Kommt und laßt euch Jesum lehren;
Kommt und lernet allzumal, Welche die
seyn, die gehören In der rechten christen
zahl; Die bekennen mit dem mund, Glau=
ben auch von herzensgrund, Und bemühen
sich darneben, Guts zu thun, so lang sie
leben.

2. Selig sind, die demuth haben, Und
sind allzeit arm an geist, Rühmen sich
ganz keiner gaben, Daß Gott werd allein
gepreißt, Danken dem auch für und für,
Denn das himmelreich ist ihr. Gott wird
dort zu ehren setzen, Die sich selbst gering
hie schätzen.

3. Selig sind, die leide tragen, Da sich
göttlich trauern findt, Die beseufzen und
beklagen Ihr' und andrer leute sünd; Die
deshalben traurig gehn, Oft vor Gott mit

thränen stehn; Diese sollen noch auf erden,
Und dann dort getröstet werden.

4. Selig sind die frommen herzen Da
man sanftmuth spühren kann, Welche hohn
und trutz verschmerzen, Weichen gerne
jedermann, Die nicht suchen eigne rach,
Und befehlen Gott die sach: Diese will
der Herr beschützen, Daß sie noch das land
besitzen.


45. Mel. Ich stund an einem morgen. (4)

Durch gnad so will ich singen, In Gott's
furcht heben an: Lieb Gott vor allen din=
gen, Den nächsten auch so schon. Das ist's
g'setz und propheten zwar, Die soll'n wir
treulich halten, Das sag ich euch fürwahr.

2. Dein'n nächsten sollt du lieben, Als
dich in lieb und leid, Die sünd sollt du
nicht üben, Dann es ist große zeit, Recht
zu thun soll'n wir heben an, Christo Jesu
nachfolgen, Sein vorbild sehen an.

3. Dein'n nächſten ſollt du kennen,
Ihm allzeit guts beweis; Ich darf ſie dir
wohl nennen, So hör und merk mit fleiß:
Brüder und ſchweſtern zu der ſtund, So
an Chriſtum thun glauben, Ausgenommen
ſeinen bund.

4. Siehſt du ihn übertreten, Ein ſünde
an dir thun, Freundlich ſollt du ihn bäten,
Aus lieb ihm zeigen an, Nur zwiſchen dir
und ihm allein, Thut er ſich dann bekehren,
Sollt du zufrieden ſein.

5. Will er dich dann nicht hören, Und
dein ſtraf nehmen an; Noch einem thu er=
klären, Wie ſein ſach ſey gethan, Und
ſtraft ihn wieder in geheim. Will er euch
auch nicht hören, So ſagt es der gemein.

6. Sein handel ſollt anzeigen, Wenn
er entgegen ſtäht. Wird er ſich dann thun
neigen, Und bitten gott um gnad, So tra=
get chriſtliche gebuld; Thut Gott von her=
zen bitten Vor ſeine ſünd und ſchuld.

7. Will er die g'mein nicht hören, Ihr
ſtraf nicht nehmen an, Thut die zeugniß

erklären, Darnach laßts. urtheil gahn:
Verkündt ihn Gottes plag und rach, Wo
er in sünd verharret, Die ihm wird folgen
nach.

8. Von ihm thut euch abscheiden Wohl
zu derselben stund, Halt ihn wie einen hei=
den, Wo geredt hat Christi mund.  Auch
spricht Paulus ohn trug und list: Thut
ihn von euch hinause, Wer ungehorsam ist.


46. Mel. Ungnad begehr ich nicht von dir.
(49)

Wohlauf, wohlauf du Gottes g'mein!
Heilig und rein, In diesen letzten zeiten,
Die du ei'm mann erwählet bist, Heist
Jesu Christ, Thu dich ihm zubereiten. Leg
an dein zier, dann er kommt schier, Darum
bereit das hochzeitskleid, Dann er wird
schon die hochzeit hon, Dich ewig nicht
mehr von ihm lohn.

2. Das kleid, davon gemeldet ist In
dieser frist, Soll heilig seyn und reine,

Soll weder fleck noch runzel hon, Sollt
du verstohn.  So will Gott hon ein
gmeine.  Darum er hat geben in tod Sein
liebes kind, vor deine sünd.  Aus lauter
gnad, dein missethat Dir Gott dein Herr
vergeben hat.

3.  So nun dein sünd vergeben ist
Durch Jesum Christ, Hat dich Gott neu
gebohren Im tauf durch den heiligen Geist,
Daß du nun heißt Ein' braut Christi er=
kohren.  Halt dich allein des gmahles
dein, Bis ihm bereit zu aller zeit, Kein
andern Mann sollt nehmen an, Dich fein
alleinig halten thun.

47. Mel.  Kommt her zu mir, spricht! (6)

Wach auf, wach auf, o menschenkind!
Von deinem schlaf steh auf geschwind, Wie
bist du so verdrossen?  Willt du diesen tag
müßig stohn, Und nicht ins Herren wein=
berg gohn, Der dich hat brufen lassen?

2. Ist doch Gott gar ein freundlich mann, Der den weinberg hat aufgethan. All die zu ihm thun kommen, Und arbeiten die kleine zeit, Den'n will er bald ein wenig freud Geben mit allen frommen.

3. Wie seyd ihr so gar schläfrig leut, Daß ihr nicht mögt die kleine zeit Die last mit willen tragen. Da ewig freud der taglohn ist, Währt es doch nur ein kleine frist, Geneigt hat sich der tage.

4. O mensch laß dirs zu herzen gohn, Sieh die frommen altväter an, Hond die last auf sich gnommen, Tragen viel jahr und manchen tag, Und sind dennoch nicht worden schwach, Bis sie zur ruh seynd kommen.

5. Darum verziehets nicht zu lang, Auf daß die sonn nicht untergang; Die nacht thut herzu nahen. Darum nehmt euch nicht länger weil, Trett in den weinberg ein mit eil, So ihr lohn wollt empfahen.

48. Mel: Meinen Jesum. (35)

Jesu! baue deinen leib, Deinen tempel
baue wieder; Du, du selbst das werk fort=
treib, Sonst fällt alles bald darnieder.
Deines mundes lebensgeist Schaffe was er
uns verheißt.

2. Deine schäflein sind zerstreut, Und
verirrt auf eignen wegen; Aber Herr, es
ist nun zeit, Daß du ihnen gehst entgegen,
Sie zu sammeln in die lieb, Durch des
geistes kraft und trieb.

3. Du Herr Jesu, unser eins, Unser
alles, licht= und leben! Laß doch deiner
kinder keins Einem andern sich ergeben;
Du, Herr Jesu! unser hirt, Unsre weide
speiß und wirth.

4. Zeuch uns in dein herz hinein,
Zions könig hoch erhaben, Mach uns
einig, keusch und rein, Reich an deinen
Gottes gaben, Deiner liebe süßes blut
Geb uns gleichen sinn und muth.

5. Kindlein, gebt der liebe platz, Laßt

den geiſt des friedens walten, Fried und
liebe iſt ein ſchatz, Der unendlich hoch zu
halten, Liebe iſt die ſüße ſpeiß, Die man
ißt im Paradeiß.

---

# Vom chriſtlichen Leben und Wandel.

---

49. Mel. Wär Gott nicht mit uns dieſe.
(3)

Merkt auf ihr völker allgemein, Allhie
auf dieſer erden, Ihr ſeyd jung, alt, groß
oder klein, Wollet ihr ſelig werden, So
müſſet ihr von ſünden lohn, Chriſto dem
Herren folgen thun, Nach ſeinem willen
leben.

2. Dazu Chriſtus auf erden kam Den
rechten weg zu lehren, Daß man von ſün=
den ab ſoll ſtohn, Und ſich zu ihm bekeh=
ren. Dann er ſelbſt ſpricht, ich bin der

weg, Dardurch man zu dem Vater geht,
Die wahrheit und das leben.

3. Wer mit ihm will gemeinschaft hon,
Seins reichs theilhaftig werden, Derselb
muß auch desgleichen thun Allhie auf die=
ser erden. Ja welcher mit ihm erben will,
Muß hie haben des leidens viel, Um sei=
nes namens willen.

4. Welcher nun hie in dieser zeit Mit
dem Herren thut sterben, Der wird auch
mit ihm ewig freud Ins Vaters reich er=
erben. Wer aber ihm nicht folgen thut,
Den hat auch nicht erlößt sein blut, Sein
sünd auch nicht vergeben.

5. Dann wem sein sünd vergeben ist,
Der soll sie nicht mehr treiben, Also lehrt
uns Herr Jesus Christ, Sonst größer pein
und leiden Ihm wird begegnen zu der
stund, So er abfiel von Gottes bund Sein
schaden böser würde.

50. Mel. Nun ſich der tag geendet. (32)

Was mich auf dieſer welt betrübt, Das
währet kurze zeit: Was aber meine ſeele
liebt, Das bleibt in ewigkeit. Drum fahr,
o welt, Mit ehr und geld, Und deiner wol=
luſt hin; Im kreuß und ſpott Kann mir
mein Gott Erquicken muth und ſinn.

2. Die thoren=freude dieſer welt, Wie
ſüß ſie immer lacht, Hat ſchleunig ihr ge=
ſicht verſtellt, Und den in leid gebracht,
Der auf ſie baut: Wer aber traut Allein
auf Gottes treu, Der ſiehet ſchon die him=
melskron, Und freut ſich ohne reu.

3. Mein Jeſus bleibet meine freud',
Was frag ich nach der welt? Welt iſt
nur furcht und traurigkeit, Die ſelbſt gar
bald zerfällt; Ich bin ja ſchon Mit Gottes
Sohn Im glauben hier vertraut, Der dro=
ben ſitzt Und hier beſchützt, Wählt mich zu
ſeiner braut.

4. Ach, Jeſu! tödt' in mir die welt,
Und meinen alten ſinn, Der ſich ſo gerne

zu ihr hält; Herr, nimm mich selbst nur
hin, Und binde mich Ganz vestiglich An
dich, o Herr, mein hort! So irr' ich nicht
In deinem licht, Bis in die lebenspfort.

51. Mel. Alle Menschen. (22)

Demuth ist die schönste tugend, Aller
christen ruhm und ehr, Denn sie zieret
unsre jugend, Und das alter noch vielmehr.
Pflegen sie auch nicht zu loben, Die zu
großem glück erhoben; Sie ist mehr als
gold und geld, Und was herrlich in der
welt.

2. Siehe, Jesus war bemüthig, Er er=
hob sich selbsten nicht, Er war freundlich,
liebreich, gütig, Wie uns Gottes wort be=
richt; Man befand in seinem leben Gar
kein prangen und erheben, Drum spricht
er zu mir und dir: Lerne demuth doch von
mir.

3. Wer der demuth ist beflissen, Ist bey
jedermann beliebt; Wer da nichts will
seyn und wissen, Der ists, dem Gott ehre

giebt: Demuth hat Gott stets gefallen, Sie
gefällt auch denen allen, Die auf Gottes
wegen gehn, Und in Jesu liebe stehn.

4. Demuth machet nicht verächtlich,
Wie die stolze welt ausschreyt, Wenn sie
frech und unbedächtlich Die demüthigen
anspeyt: Stolze müssen selbst gestehen,
Wenn sie fromme um sich sehen, Daß doch
demuth edler ist, Als ein frecher, stolzer
christ.

52. Mel. Mach mit mir. (28)

Mir nach! spricht Christus, unser held,
Mir nach, ihr Christen alle: Verleugnet
euch, verlaßt die welt, Folgt meinem ruf
und schalle; Nehmt euer kreutz und unge=
mach Auf euch, folgt meinem wandel nach.

2. Ich bin das licht, ich leucht euch für
Mit heil'gem tugend=leben, Wer zu mir
kommt und folget mir, Darf nicht im fin=
stern schweben: Ich bin der weg, ich weise
wohl, Wie man wahrhaftig wandeln soll.

3. Mein herz ist voll demüthigkeit, Voll
liebe meine seele, Mein mund der fleußt zu

jederzeit Von süssem sanftmuthsöle; Mein
geist, gemüthe, kraft und sinn Ist Gott er=
geben, schaut auf ihn.

4. Ich zeig euch das, was schädlich ist;
Zu fliehen und zu meiden, Und euer herz
von arger list Zu rein'gen und zu schei=
den. Ich bin der seelen fels und hort,
Und führ euch zu der himmels=pfort.

5. Fällt's euch zu schwer, ich geh voran,
Ich steh euch an der seite, Ich kämpfe
selbst, ich brech die bahn, Bin alles in dem
streite. Ein böser knecht der still darf
stehn, Wenn er den feldherrn sieht angehn.

6. So laßt uns denn dem lieben Herrn
Mit leib und seel nachgehen, Und wohl=
gemuth, getrost und gern, Bey ihm im
leiden stehen! Denn wer nicht kämpft,
trägt auch die kron Des ew'gen lebens
nicht davon.


53. Mel. Freu dich sehr, ꝛc. (18)

Schaffet, schaffet, meine kinder, Schaffet
eure seligkeit: Bauet nicht wie freche sün=

der, Nur auf gegenwärt'ge zeit; Sondern
ſchauet über euch, Ringet nach dem him=
melreich, Und bemühet euch auf erden,
Wie ihr möget ſelig werden.

2. Daß nun dieſes mög geſchehen,
Müßt ihr nicht nach fleiſch und blut, Und
deſſelben neigung gehen; Sondern was
Gott will und thut, Das muß ewig und
allein Eures lebens richtſchnur ſeyn, Es
mag fleiſch und blut in allen Uebel oder
wohl gefallen.

3. Ihr habt urſach zu bekennen, Daß
in euch auch ſünde ſteckt; Daß ihr fleiſch
von fleiſch zu nennen, Daß euch lauter
elend deckt; Und daß Gottes gnaden=kraft
Nur allein das gute ſchäfft; Ja, daß auſſer
ſeiner gnade, In euch nichts dann ſeelen=
ſchade.

4. Selig, wer im glauben kämpfet, Se=
lig, wer im kampf beſteht, Und die ſünden
in ſich dämpfet, Selig, wer die welt ver=
ſchmäht. Unter Chriſti kreutzes=ſchmach
Jaget man dem frieden nach: Wer den

himmel will ererben; Muß zuvor mit Christo sterben.

54. Mel. Seelenweide, meine. (11)

Wer sich dünken läßt, er stehet, Sehe zu, daß er nicht fall: Der versucher, wo man gehet, Schleichet uns nach überall.

2. Sicherheit hat viel betrogen! Schlaf= sucht thut ja nimmer gut; Wer davon wird überwogen, Bindet ihm selbst eine ruth.

3. Simon, wann er sich vermisset, Mit dem Herrn in tod zu gehn, Und des wa= chens doch vergisset, Muß er bald in thrä= nen stehn.

4. Ist der neue geist gleich willig; Ist das alte fleisch doch schwach. Schläfest du, so trägst du billig Statt des lohns viel weh und ach.

5. Unser feind ist stets in waffen, Es kommt ihm kein schlummer an; Warum wollten wir dann schlafen? Das wär gar nicht wohlgethan.

6. Wohl dem, der mit furcht und zit=
tern Seine ſeligkeit ſtets ſchaft, Er iſt ſicher
für gewittern, Die die ſichern weggerafft.

7. Wohl dem, der ſtets wacht und flehet
Auf der ſchmalen pilgrimsbahn; Weil er
unbeweglich ſtehet, Wann der feind ihn
fället an.

8. Wohl dem, der da ſeine lenden Im=
mer läßt umgürtet ſeyn, Und das licht in
ſeinen händen Nie verlieret ſeinen ſchein.

9. Wohl dem, der bey zeit verſtehet
Seine lampe mit dem öl, Wann der bräu=
tigam verziehet, Der errettet ſeine ſeel.

10. O du hüter deiner kinder, Der du
ſchläfſt noch ſchlummerſt nicht; Mache mich
zum überwinder Alles ſchlafs, der mich
anſicht.

11. Laß mich niemals ſicher werden;
Deine furcht beſchirme mich: Der verſu=
chung laſt-beſchwerden Mildre du ſelbſt
gnädiglich.

12. Sey du wecker meiner ſinnen, Daß

sie dir stets wachend seyn, Und ich, wann ich muß von hinnen, Wachend auch mag schlafen ein.

55. Mel. Christus, der ist mein. (7)

Ach bleib mit deiner gnade Bey uns, Herr Jesu Christ, Daß uns hinfort nicht schade Des bösen feindes list.

2. Auch bleib mit deinem worte Bey uns, Erlöser werth, Daß uns beyd hier und dorte Sey trost und heil beschehrt.

3. Ach bleib mit deinem lichte Bey uns in finsterniß, Der sünden macht zernichte, Und mach das herz gewiß.

4. Ach bleib mit deinem segen Bey uns, du reicher Herr, Das wollen und vermögen Durch deinen Geist vermehr.

5. Ach bleib mit deinem schutze Bey uns, du starker held, Daß uns der feind nicht trutze, Und fäll die böse welt.

6. Ach bleib mit deiner treue Bey uns, mein Herr und Gott, Beständigkeit verlethe, Hilf uns aus aller noth.

56. Mel. Herzlich thut mich verlangen.
(7)

Von herzen woll'n wir ſingen In fried
und einigkeit, Mit fleiß und ernſte drin=
gen Zu der vollkommenheit, Daß wir Gott
mögen gfallen, Worzu er uns will hon,
Das merkt ihr frommen alle, Laßt euchs zu
herzen gohn.

2. O Gott! du wollſt uns geben, Jetzt
und zu aller ſtund, In deinem wort zu
leben, Zu halten deinen bund, Wollſt uns
vollkommen machen, In fried und einig=
keit, Daß du uns findeſt wachen, Und alle=
zeit bereit.

3. Wann du nun wirſt aufbrechen,
O Herre Jeſu Chriſt! Zu allen frommen
ſprechen: Kommt her die ihr ſeyd g'rüſt,
Ich will euch mit mir führen, In meines
Vaters reich, Darin ſollt ihr regieren, Und
leben ewiglich.

4. Im reich das Gott bereitet, Da iſt
groß einigkeit, Fried, freud zu allen zeiten,

Ja bis in ewigkeit. Woll'n wir das reich erlangen, Die große eingkeit, Müss'n wirs auf erd empfangen, Daß wir werden bereit.

5. Dann unsers Vaters willen Müssen wir hie gleich Auf erd' allezeit erfüllen, Wie in dem himmelreich. Dann also thut uns lehren Unser Herr Jesu Christ, Daß wir vollkommen werden, Wie unser Vater ist.

### 57. Mel. Meine seel ist. (40)

Jesu, meine freude, Meines herzens weide, Jesu, meine zier! Ach, wie lang, ach lange Ist dem herzen bange, Und verlangt nach dir. Gottes Lamm, mein bräutigam! Außer dir soll mir auf erden Nichts sonst liebers werden.

2. Unter deinem schirmen Bin ich für den stürmen Aller feinde frey. Laß den satan wittern, Laß den feind erbittern, Mir steht Jesu bey. Ob es jetzt gleich

kracht und blitzt, Ob gleich ſünd und höll-
ſchrecken, Jeſus will mich decken.

3. Trotz dem alten drachen, Trotz des
todes rachen, Trotz der furcht dazu! Tobe
welt und ſpringe! Ich bin hier, und ſinge
In gar ſichrer ruh; Gottes macht hält
mich in acht: Erd und abgrund muß ver=
ſtummen, Ob ſie noch ſo brummen.

4. Weg mit allen ſchätzen! Du biſt
mein ergetzen, Jeſu, meine luſt. Weg, ihr
eiteln ehren, Ich mag euch nicht hören,
Bleibt mir unbewußt. Elend, noth, kreutz,
ſchmach und tod. Soll mich, ob ich viel
muß leiden, Nicht von Jeſu ſcheiden.

5. Gute nacht, o weſen, Das die welt
erleſen! Mir gefällſt du nicht. Gute
nacht, ihr ſünden, Bleibet weit dahinten,
Kommt nicht mehr ans licht! Gute nacht,
du ſtolz und pracht, Dir ſey ganz, du
laſter=leben, Gute nacht gegeben.

6. Weicht, ihr trauer=geiſter! Dann
mein freudenmeiſter, Jeſus tritt herein.
Denen, die Gott lieben, Muß auch ihr
betrüben Lauter zucker ſeyn. Duld ich

chon hier spott und hohn, Dennoch bleibst
u auch im leibe, Jesu! meine freude.

58. Mel. O starker Gott. (12)

Jhr junge helden, aufgewacht! Die
ganze welt muß seyn veracht. Drum
eilt, daß ihr in kurzer zeit Macht eure see=
len wohl bereit.

2. Was ist die welt mit allem thun?
Den bund gemacht mit Gottes Sohn,
Das bleibt der seel in ewigkeit Ein' zucker=
süße lust und freud.

3. Ja nimmermehr geliebt die welt,
Vielmehr sich Jesu zugesellt, So über=
kommt man glaubenskraft, Daß man auch
bald ihr thun bestraft.

4. Nun weg hiermit, du eitelkeit. Es
ist mir nun zu lieb die zeit, Daß ich sie
nicht mehr so anwend, Daß ich den namen
Gottes schänd.

5. Ich hab es nun bey mir bedacht,
Und diesen schluß gar vest gemacht, Daß
es mir nun soll Jesus seyn, Und wollt
mein fleisch nicht gern darein.

6. Zur falschen welt und ihrem tru[
Spricht meine seel, es ist genug: Zu lan[
hab ich die lust geliebt, Und damit meiner
Gott betrübt.

7. Ich eil nun fort zu meinem Gott
Der mich erkauft vom fluch und tod; Dar=
um ich auch nun als ein reb, Hinführo vest
an Jesu kleb.

8. Nichts anders will ich, als Gott
will, Wenn er mir hilft, daß ich das ziel,
Wozu er mich berufen hat; Erlangen möge
in der that.

9. So soll mein herz mit preiß und
dank, Ihm ewig bringen lobgesang: Ge=
lobet seyst du in der zeit, Du großer Gott,
von ewigkeit!

## Gebät= und Bitt=Lieder.

59. Mel. Straf mich nicht. (29)

Mache dich, mein Geist, bereit; Wache,
fleh und bäte, Daß dich nicht die böse zeit

Unverhofft betrete; Denn es ist satans
list Ueber viele frommen Zur versuchung
kommen.

2. Aber wache erst recht auf Von dem
sünden=schlafe, Denn es folget sonst darauf
Eine lange strafe, Und die noth, Samt
dem tod, Möchte dich in sünden Unvermu=
thet finden.

3. Wache auf! sonst kann dich nicht
Unser Herr erleuchten. Wache! sonsten
wird dein licht Dich noch ferne deuchten!
Denn Gott will Vor die füll-Seiner gna=
dengaben Ofne augen haben.

4. Wache! daß dich satans list Nicht
im schlaf antreffe, Weil er sonst behende
ist, Daß er dich beäffe; Und Gott giebt,
Die er liebt, Oft in seine strafen, Wann
sie sicher schlafen.

5. Drum so laß uns immerdar Wa=
chen, flehen, bäten! Weil die angst, noth
und gefahr Immer näher treten; Denn
die zeit Ist nicht weit, Da uns Gott wird
richten, Und die welt vernichten.

60. Mel. Ich will einsam. (25)

Sieh, hie bin ich, Ehrenkönig! Lege
mich vor deinen thron: Schwäche thränen,
Kindlich sehnen, Bring ich dir, du Men=
schensohn! Laß dich finden, Laß dich fin=
den Von mir, der ich asch und thon.

2. Sieh doch auf mich, Herr, ich bitte
dich, Lenke mich nach deinem sinn, Dich
alleine Ich nur meyne, Dein erkaufter
erb ich bin; Laß dich finden :,: Gieb dich
mir, und nimm mich hin.

3. Ich begehre nichts, o Herre! Als
nur deine freye gnad, Die du giebest, Den
du liebest, Und der dich liebt in der that:
Laß dich finden :,: Der hat alles, wer dich
hat.

4. Himmelssonne, seelenwonne, Unbe=
flecktes Gottes Lamm! In der höle, Meine
seele Suchet dich, o Bräutigam! Laß dich
finden :,: Starker Held aus Davids stamm.

5. Hör, wie kläglich, wie beweglich Dir
die arme seele singt, Wie demüthig Und

wehmüthig. Deines kindes stimme klingt:
Laß dich finden :,: Denn. mein herze, zu
dir bringt.

6. Dieser=zeiten eitelkeiten, Reichthum,
wolluſt, ehr und freud, Seynd nur ſchmer=
zen Meinem=herzen, Welches ſucht die
ewigkeit: Laß dich finden :,: Großer Gott!
mach mich bereit.


61. Mel. Mache dich, mein geiſt. (29)

Liebſter Heiland! nahe dich, Meinen
grund berühre; Und aus allem kräftiglich
Mich in dich einführe: Daß ich dich Innig=
lich Mög in liebe faſſen, Alles andre laſſen.

2. Sammle den zerſtreuten ſinn, Treuer
hirt der ſeelen! Denn wann ich in dir
nicht bin, Muß mein geiſt ſich quälen;
Creatur Aengſtet nur, Du allein kannſt
geben Ruhe, freud und leben.

3. Mache mich von allem frey, Gründ=
lich abgeſchieden, Daß ich eingekehret ſey

7

Stets in deinen frieden: Kindlich rein,
Sanft und klein, Dich in unschuld sehe,
In dir leb und stehe.

4. Menschenfreund, Immanuel! Dich
mit mir vermähle. O du sanfte liebes=
quell, Salbe geist und seele; Daß mein
will Sanft und still, Ohne widerstreben,
Dir sich mag ergeben.

5. Jedermann hat seine luft, Und sein
zeitvertreiben; Mir sey eines nur bewußt,
Herr, in dir zu bleiben: Alles soll Folgen
wohl, Wann ich mich nur übe In dem
weg der liebe.

6. Creaturen bleibet fern, Und was
sonst kann stören: Jesu, ich will schweigen
gern, Und dich in mir hören; Schaffe du
Wahre ruh, Wirke nach gefallen, Ich halt
still in allen.

7. Was noch flüchtig, sammle du; Was
noch stolz ist, beuge; Was verwirret, bring
zur ruh; Was noch hart, erweiche; Daß
in mir Nichts hinfür Lebe noch erscheine,
Als mein freund alleine.

62. Mel. Nun sich der. (32)

Mein Gott! das herz ich bringe dir,
Zur gabe und geschenk: Du forderst dieses ja von mir, Deß bin ich eingedenk.

2. Gieb mir, mein kind! dein herz,
sprichst du, Das ist mir lieb und werth,
Du findest anderst doch nicht ruh, Im himmel und auf erd.

3. Nun du, mein Vater! nimm es an,
Mein herz, veracht es nicht, Ich gebs so
gut ichs geben kann, Kehr zu mir dein
gesicht.

4. Zwar ist es voller sündenwust, Und
voller eitelkeit, Des guten aber unbewußt,
Der wahren frömmigkeit.

5. Doch aber steht es nun in reu, Er-
kennt sein'n übelstand, Und träget jetzund
vor dem scheu, Daran's zuvor lust fand.

6. Hier fällt und liegt es dir zu fuß,
Und schreyt: nur schlage zu; Zerknirsch,
o Vater! daß ich buß Rechtschaffen vor
dir thu.

7. Zermalm mir meine härtigkeit, Mach
mürbe meinen sinn, Daß ich in seufzen,
reu und leid, Und thränen ganz zerrinn.

8. Sodann nimm mich, mein Jesu
Christ! Tauch mich tief in dein blut, Ich
glaub, daß du gekreuzigt bist Der welt
und mir zu gut.

9. Nimm gar, o Gott! zum tempel ein
Mein herz hier in der zeit, Ja laß es auch
dein wohnhaus seyn In jener ewigkeit.

10. Dir geb' ichs ganz zu eigen hin,
Brauchs wozu dirs gefällt; Ich weiß daß
ich der deine bin, Der deine, nicht der welt.

### 63. Mel. O starker Gott. (12)

Brunn alles heils! dich ehren wir, Und
öfnen unsern mund vor dir; Aus deiner
gottheit heiligthum Dein hoher segen auf
uns komm.

2. Der Herr, der Schöpfer, bey uns
bleib, Er segne uns nach seel und leib;

Und uns behüte seine macht Für allem
übel tag und nacht.

3. Der Herr, der Heiland, unser licht,
Uns leuchten laß sein angesicht; Daß wir
ihn schaun, und glauben frey, Daß er uns
ewig gnädig sey!

4. Der Herr, der Tröster, ob uns schweb;
Sein antlitz über uns erheb, Daß uns
sein bild werd eingedrückt; Und geb uns
frieden unverrückt.

5. Jehovah! Vater, Sohn und Geist;
O segensbrunn, der ewig fleußt! Durch-
fleuß herz, sinn und wandel wohl, Mach
uns deins lobs und segens voll!

64. Mel. Liebster Jesu, du wirst kommen.
(42)

Jesu! hilf mein kreutz mir tragen, Wann
in bösen jammer-tagen Mich der arme
feind ansicht, Jesu! dann vergiß mein
nicht.

2. Wann die falschen rottgesellen Denken gänzlich mich zu fällen, Und mir rath

und that gebricht, Jesu Christ, vergiß mein nicht.

3. Will mich böse=lust verführen, So laß mir das herze rühren Das zukünftige gericht, Und vergesse meiner nicht.

4. Kommt die welt mit ihren tücken, Und will mir das ziel verrücken, Durch ihr falsches wollust=licht, Jesus! so vergiß mein nicht.

5. Wollen auch wohl meine freunde Mich nicht anders als die feinde Hindern auf der lebensbahn, Jesu! nimm dich meiner an.

6. Fehlet mirs an kraft zu bäten, Laß mich deinen geist vertreten, Stärke meine zuversicht, Und vergisse meiner nicht.

7. Will auch selbst der glaub schwach werden, Und nicht tragen die beschwerden, Wenn die drangsals=hitze sticht, Jesu! so vergiß mein nicht.

65. Mel. O starker Gott, o seelenkraft. (12)

Aus lieb verwundter Jesu mein, Wie kann ich dir gnug dankbar sein! Wollt wünschen, ich könnt. lieben dich, Wie du allzeit geliebet mich.

2. Mir giebst du dich auf neue weiß, O großer Gott! zur seelenspeiß, Von meinetwegen machst dich klein, Wie könnt dein lieb doch größer seyn.

3. Ach komm zu mir, ich bitte dich, Mit deiner gnad erquicke mich, Mein seel nach Jesu dürstet sehr, Ach daß ich sein recht würdig wär.

4. Gleichwie ein hirsch zur wasserquell In vollem lauf sich sehnet schnell, Ein'n gleichen durst erweck in mir, Ach Jesu, Jesu! komm zu mir.

5. Ich kann zwar nicht gnug dankbar seyn Vor deine lieb, mein Jesulein, Noch preisen dein' freygebigkeit; Doch lob ich deine gütigkeit.

6. Ja, wenn ich tausend leben hätt, Und alle für dich lassen thät, Wär dieses

doch ein schlechtes ding, Und gegen deiner
lieb zu g'ring.

7. Kann ich nicht lieben nach gebühr,
Herr Jesu Christ, verzeih es mir, Ich will
dich lieben wie ich kann, Und sollt ichs
leben setzen dran.

8. Wo ich nur geh, wo ich nur steh,
Hilf, Jesu, daß ich nach dir seh. Wie
freut' ich mich, Wenn ich dich fänd'! Ach
wann ich dich behalten könnt.

9. Hab ich dich, Jesu, je betrübt, Und
ausser dir noch was geliebt, Ich bitt dich
um der liebe dein, Laß mirs nunmehr ver=
geben seyn.

66. Mel. Der 134 Psalm. (12)

O starker Gott, o seelen=kraft, O liebster
Herr, o lebens=saft. Was soll ich thun,
was ist dein will? Gebeut, ich will dir
halten still.

2. Ich kann ja nichts, das weißt du
wohl, Auch weiß ich nicht, was ich thun
soll. Du kannst allein verrichten dies,
Du weißt es auch allein gewiß.

3. Rath, kraft, held, ist niemand als du; Rath giebest du in stiller ruh: Kraft bist du auch in höchster noth, Held ist dein nam, o Wunder=Gott.

4. Du fels des heils, erhalte mich; Du lebens=strohm, fleuß mildiglich, Fleuß doch in meine seel hinein, Und kehre bey dem sünder ein.

5. Die zeit ist bös und falschheit voll, Ich weiß nicht wie ich leben soll. Du bist ein Herr, der groß von rath, Du bist ein Gott, der stark von that.

6. Was willt du Herr, das sage mir, Ich klopf, ach thu doch auf die thür: Ich ruf und schrey, du hörst es wohl, Was willt du, Herr, daß ich thun soll?

67. Mel. Herr Jesu Christ, dich zu. (12)

Ach bleib bey uns, Herr Jesu Christ, Weil es nun abend worden ist; Dein göttlich wort, das helle licht, Laß ja bey uns auslöschen nicht.

2. In dieser letzt'n betrübten zeit, Ver=

leih uns, Herr, beständigkeit, Daß wir
dein wort in einigkeit, Beleben recht in
dieser zeit.

3. Daß wir in guter stiller ruh Diß
zeitlich leben bringen zu; Und wann das
leben neiget sich, Laß uns einschlafen
seliglich.

### 68. Mel. Der 136 Psalm. (16)

Aus der tiefe rufe ich Zu dir, Herr! er=
höre mich, Deine ohren gnädig leih, Merk
die flehend stimm dabey.

2. Aus der tiefe rufe ich, Sünden gehen
über mich; Willst du rechten Herr! mit
mir, So besteh ich nicht vor dir.

3. Aus der tiefe rufe ich, Will dann
niemand hören mich? Ach! so höre, Jesu
mein, Du wirst ja der helfer seyn.

4. Aus der tiefe rufe ich, Ach schon
lang erbärmiglich! Kreuz und leiden hal=
ten an, Jesus mich draus retten kann.

5. Aus der tiefe rufe ich, Warum, Jesu! läßt du mich? Ich harr, warte, seufze, ach! Bis zur andern morgenwach.

6. Aus der tiefe rufe ich, Jesus gnade tröstet mich; Ob es mir schon gehet hart, Ich doch der erlösung wart.

7. Aus der tiefe rufe ich, Jesus wird erlösen mich: Jesus machet, daß ich rein Werd von allen sünden mein.

8. Nunmehr hab ich ausgeruft, Jesus kommet, machet luft. Seele! schwing dich in die höh, Sage zu der welt adje.

---

# Vom Kreutz und Leiden.

---

69. Mel. Christ, der du bist tag und licht.
(12)

Als Christus mit sein'r wahren lehr Versammelt hätt ein kleines heer, Sagt

er, daß jeder mit gebult Ihm täglich 's
kreutz nachtragen sollt.

2. Und sprach: ihr liebe jünger mein,
Ihr sollet allzeit munter seyn, Auf erden
auch nichts lieben mehr Dann mich, und
folgen meiner lehr.

3. Die welt die wird euch stellen nach,
Und anthun manchen spott und schmach,
Verjagen, und auch sagen frey, Wie daß
der satan in euch sey.

4. Wann man euch nun lästert und
schmächt, Meinethalben verfolgt und schlägt,
Seyd froh, dann siehe, euer lohn Ist euch
bereit ins himmels=thron.

5. Seht mich an, ich bin Gottes Sohn,
Und hab auch allzeit wohlgethan, Ja bin
zwar auch der allerbest, Noch habens mich
getödt zuletzt.

6. Weil mich die welt ein bösen geist
Und argen volks=verführer heißt, Auch
meiner wahrheit widerspricht, So wird sies
euch auch schenken nicht.

7. Doch fürcht euch nicht vor solchem
mann, Der nur den leib ertödten kann:

Sondern fürcht. mehr den treuen Gott,
Der beydes zu verdammen hat.

8. Derselb probiert euch wie das gold,
Und ist euch doch als kindern hold, Wo=
fern ihr bleibt in meiner lehr, Will euch
laſſen nimmermehr.

9. Dann ich bin eu'r, und ihr ſeyd
mein, Drum wo ich bleib, Da ſollt ihr
ſeyn, Und wer euch plagt, der rührt mein
aug, Weh demſelben an jenem tag.

10. Eu'r elend, furcht, angſt, noth und
pein Wird euch dort große freude ſeyn,
Und dieſe ſchand ein preiß und ehr, Wohl
vor dem ganzen himmelsheer.


70. Mel. Herr Chriſt, der einig Gottes
Sohn. (17)

Wacht auf, ihr brüder werthe, Und habt
ein guten muth, Wann wir gezüchtigt
werden, Wird unſer ſach erſt gut. Mit
g'duld woll'n wirs annehmen, Und unſern

Gott bekennen, In dieſer noth, bis in den tod.

2. Chriſtus hat uns berufen Zu ſeinem abendmahl, Darzu ſeynd wir geloffen, Wir chriſten überall.   Sein wort, hand wir angnommen, Und thaten uns nicht ſäumen, Wir nahmens an mit freud und wonn.

3. Darum ſo laß uns wachen, Bäten zu aller friſt, Er thut ſich herzu machen, Der unſer verſucher iſt.   Er thut greulich um laufen, Ob er ein'n aus möcht raufen Aus der heiligen ſchaar, mit worten klar.

4. So laßt uns nun öl kaufen In unſer ampel ſchon, Wann der bräutgam bricht aufe, Daß wir ihm entgegen gohn, Und unſre lichter brennen, So wird er uns wohl kennen, Und führen ein, zur hochzeit ſein.

71. Mel. Die lieb ist kalt jetzt in der welt.
(6)

Kommt her zu mir, spricht Gottes Sohn,
All, die ihr seyd beschweret nun, Mit sün=
den hart beladen, Ihr jungen, alten, frau
und mann, Ich will euch helfen, dann ich
kann Bald heilen euren schaden.

2. Mein joch ist süß, mein bürd gering,
Daß wers nachträgt in dem beding, Der
höllenglut entweiche: Ich helf ihm treu=
lich, daß ers trag, Und durch mich selbst
gelangen mag Zum ew'gen himmelreiche.

3. Was ich that, was ich litte hie In
meinem leben spat und früh, Das sollt ihr
auch erfüllen; Ja, was der mensch denk,
redt und thut, Das kommt ihm alles wohl
zu gut, Wanns ist nach Gottes willen.

4. Gern wollt die welt auch selig seyn,
Wenn nur nicht wär die schmach und pein,
Die alle christen leiden; So kann und
mags nicht anders seyn, Darum ergeb sich
willig drein, Wer ewig pein will meiden.

72. Mel. Was machen doch und sinnen wir. (45)

Was Gott thut, das ist wohl gethan, Es bleibt gerecht sein wille, Wie er fängt meine sachen an, Will ich ihm halten stille: Er ist mein Gott, Der in der noth Mich wohl weiß zu erhalten; Drum laß ihn nur walten.

2. Was Gott thut, das ist wohl gethan, Er wird mich nicht betrügen; Er führet mich auf rechter bahn, So laß ich mich begnügen An seiner huld, Und hab geduld; Er wird mein unglück wenden, Es steht in seinen händen.

3. Was Gott thut, das ist wohl gethan, Er wird mich wohl bedenken, Er als mein arzt und helfersmann, Wird mir nicht gift einschenken, Für arzeney; Gott ist getreu, Drum will ich auf ihn bauen Und seiner güte trauen.

4. Was Gott thut, das ist wohl gethan, Er ist mein licht, mein leben, Der mir

nichts böſes gönnen kann; Ich will mich
ihm ergeben In freud und leid. Es
kommt die zeit, Da öffentlich erſcheinet,
Wie treulich er es meynet.

5. Was Gott thut, das iſt wohl gethan.
Muß ich den Kelch gleich ſchmecken; Weil
doch zuletzt Ich werd ergetzt, Mit ſüßem
troſt im herzen, Da weichen alle ſchmerzen.

6. Was Gott thut, das iſt wohl gethan,
Dabey will ich verbleiben, Es mag mich
auf die rauhe bahn Noth, tod und elend
treiben, So wird Gott mich Ganz väterlich In ſeinen armen halten; Drum laß
ich ihn nur walten.

8

# Troſt in Kreutz und Leiden.

### 73. Mel. Wie nach ein. (18)

Meine ſorgen, angſt und plagen Laufen
mit der zeit zu end: Alles ſeufzen, alles
klagen, Das der Herr alleine kennt, Wird,
Gott lob, nicht ewig ſeyn: Nach dem regen
wird ein ſchein. Vieler tauſend ſonnen
blicken Meinen matten geiſt erquicken.

2. Meine ſaat, die ich geſäet, Wird zur
freude wachſen aus: Wann die dornen
abgemähet, So trägt man die frucht zu
haus: Wann ein wetter iſt vorbey, Wird
der himmel wieder frey: Nach dem käm=
pfen, nach dem ſtreiten Kommen die er=
quickungs-zeiten.

3. Gottes ordnung ſtehet veſte, Und
bleibt ewig unverrückt: Seine freund und
hochzeits=gäſte Werden nach dem ſtreit be=
glückt: Iſrael erhält den ſieg Nach geführ=

tem kampf und krieg: Canaan wird nicht
gefunden, Wo man nicht hat überwunden.

4. Darum trage deine ketten, Meine
ſeel und dulde dich; Gott wird dich gewiß
erretten: Das gewitter leget ſich, Nach
dem blitz und donnerſchlag Folgt ein an=
genehmer tag; Auf den abend folgt der
morgen, Und die freude nach den ſorgen.

74. Mel. Der 100 Pſalm. (12)

Wann menſchen=hülf ſcheint aus zu
ſeyn, So ſtellt ſich Gottes hülfe ein: Wann
niemand hilft, ſo hilfet er, Und macht mein
leiden nicht ſo ſchwer.

2. Was tracht ich lang nach menſchen
gunſt, Die doch vergehet wie ein dunſt?
Es iſt in dieſer welt kein freund, Der es
ſtets gut mit einem meynt.

3. Nimm d e i n e zuflucht nur zu Gott,
Der kann dir nehmen deine noth; Such

den zum freund, der dir allein Mit seiner hülf kann nützlich sein.

4. Wann Gott dein freund: alsdann dein feind Ist ohne macht und ganz verkleint. Und wären noch viel tausend hier, So könnt doch keiner schaden dir.

5. Es muß doch gehn, wies Gott gefällt, Wann sich gleich alles gegen stellt, Laß Gott nur machen wie er will, Und halte seinem willen still.


75. In eigner Melodey. (27)

Wer nur den lieben Gott läßt walten, Und hoffet auf ihn allezeit, Den wird er wunderlich erhalten In allem kreutz und traurigkeit; Wer Gott dem Allerhöchsten traut, Der hat auf keinen Sand gebaut.

2. Was helfen uns die schweren sorgen? Was hilft uns unser weh und ach? Was hilft es, daß wir alle morgen Beseufzen unser ungemach? Wir machen

unſer kreutz und leid Nur größer durch
die traurigkeit.

3. Man halte nur ein wenig ſtille, Und
ſey doch in ſich ſelbſt vergnügt, Wie unſers Gottes gnaden-wille, Wie ſein all-
wiſſenheit es fügt. Gott, der uns ihm
hat auserwählt, Der weiß auch gar wohl,
was uns fehlt.

4. Sing, bät, und geh auf Gottes wegen, Verricht das deine nur getreu, Und
trau des himmels reichem ſegen, So wird
er bey dir werden neu: Dann welcher
ſeine zuverſicht Auf Gott ſetzt, den verläßt
er nicht.

### 76. Mel. Der 100 Pſalm. (12)

Wann wir in höchſten nöthen ſeyn,
Und wiſſen nicht wo aus noch ein, Und
finden weder hülf noch rath, Ob wir gleich
ſorgen früh und ſpat;

2. So iſt dieß unſer troſt allein, Daß
wir zuſammen in gemein Dich anrufen, o

treuer Gott! Um rettung aus der angſt
und noth.

3. Und heben beydes aug und herz Zu
dir, in wahrer reu und ſchmerz, Verleih
vergebung unſrer ſünd, Und lindrung
deß, was wir verdient.

4. Wie du verheißeſt gnädiglich Allen,
die darum bitten dich, Im namen deins
Sohns Jeſu Chriſt, Der unſer heil und
fürſprach iſt.

5. Drum kommen wir, o Herre Gott,
Und klagen dir all unſer noth, Weil wir
jetzt ſtehn verlaſſen gar, In großer trübſal
und gefahr.

6. Sieh nicht an unſre ſünden groß,
Sprich uns davon aus gnaden los, Steh
uns in unſerm elend bey, Mach uns von
allen plagen frey.

7. Auf daß hernach von herzen wir
Mit freuden können danken dir, Gehorſam
ſeyn nach deinem wort, Dich allzeit preiſen
hier und dort.

# Von der Barmherzigkeit Gottes.

***

**77. Mel. Aus tiefer noth. (3)**

Du glaubigs herz, so benedey, Und gieb
lob deinem Herren, Gedenk, daß er dein
Vater sey, Welchen du stets sollt ehren,
Dieweil du gar kein stund ohn ihn Mit
aller sorg in deinem sinn Dein leben kannst
ernähren.

2. Er ist, der dich von herzen liebt, Und
sein güt mit dir theilet, Dir deine misse=
that vergiebt, Und deine wunden heilet,
Dich wapnet zum geistlichen krieg, Daß dir
der feind nicht oben lieg, Und deinen schatz
zertheilet.

3. Er ist barmherzig und auch gut Den
armen und elenden, Die sich von allem
übermuth Zu seiner wahrheit wenden; Er
nimmt sie als ein vater auf, Und schaft
daß sie den rechten lauf Zur seligkeit voll=
enden.

4. Wie sich ein treuer vater neigt, Und guts thut seinen kindern, Also hat sich Gott auch gezeigt Gegen uns armen sündern. Er hat uns lieb und ist uns hold, Vergiebt uns gnädig alle schuld, Macht uns zu überwindern.

78. Mel. Der 9 Psalm. (53)

Mit einem zugeneigten g'müth, Wünsch ich euch Gottes gnad und güt, Mein allerliebste in dem Herren, Daß er euch woll den glauben mehren.

2. Weil ihr Christo seyd einverleibt, Doch frömmlich allzeit bey ihm bleibt, Eu'r fleisch und blut wollt doch bezwingen, Liebet nicht mehr die irdisch dingen.

3. Recht müßt ihr seyn himmlisch gesinnt, Ihr seyd b'rufen zu Gottes kind, Väterlich hat er euch angenommen, Durch Christum seyd von sünden kommen.

4. Seyd fröhlich in Gott nun allzeit, Sein' große wohlthat sehr ausbreit, Die

euch durch Chriſtum ſind bewieſen, Der
euch von ſünden hat geneſen.

5. Halt was ihr habt, erwart den lohn,
Daß euch niemand beraubt der kron; Chri=
ſtus wird denen ſie auffeten, Die ſich mit
bosheit nicht beſchmützen.

79. Mel. Chriſtus, der uns ſel. (7)

Schwing dich auf zu deinem Gott, Du
betrübte ſeele! Warum liegſt du, Gott
zum ſpott, In der ſchwermuths = höhle?
Merkſt du nicht des ſatans liſt? Er will
durch ſein kämpfen Deinen troſt, den Je=
ſus Chriſt Dir erworben, dämpfen.

2. Schüttle deinen kopf und ſprich:
Fleuch, du alte ſchlange! Was erneurſt
du deinen ſtich, Machſt mir angſt und
bange? Iſt dir doch der kopf zerknickt, Und
ich bin durchs leiden Meines Heilands dir
entrückt In den ſaal der freuden.

3. Wirfſt du mir mein ſünden für?

Wo hat Gott befohlen, Daß mein urtheil
über mir Ich bey dir soll holen? Wer hat
dir die macht geschenkt, Andre zu verdam=
men, Der du selbst doch liegst versenkt In
der höllen flammen.

4. Hab ich was nicht recht gethan, Ist
mirs leid von herzen, Da hingegen nehm
ich an Christi blut und schmerzen: Denn
das ist die ranzion Meiner missethaten,
Bring ich dies vor Gottes thron, Ist mir
wohl gerathen.

5. Christi unschuld ist mein ruhm, Sein
recht meine krone, Sein verdienst mein
eigenthum, Da ich frey in wohne, Als in
einem vesten schloß, Das kein feind kann
fällen, Brächt er gleich davor geschoß, Und
das heer der höllen.

80. In bekannter Melodey. (45)

Warum sollt ich mich dann grämen?
Hab ich doch Christum noch, Wer will mir
den nehmen? Wer will mir den himmel

rauben, Den mir schon Gottes Sohn Bey=
gelegt im glauben?

2. Nackend lag ich auf dem boden,
Da ich kam, Da ich nahm Meinen ersten
odem; Nackend werd ich auch hinziehen,
Wann ich werd Von der erd Als ein schat=
ten fliehen.

3. Gut und blut, leib, seel und leben
Ist nicht mein, Gott allein Ist es, ders
gegeben: Will ers wieder zu sich kehren,
Nehm ers hin, Ich will ihn Dennoch frö=
lich ehren.

4. Schickt er mir ein kreutz zu tragen,
Dringt herein Angst und pein, Sollt ich
drum verzagen? Der es schickt, der wird
es wenden, Er weiß wohl, Wie er soll
All mein unglück enden.

### 81. In eigener Melodey.

Wer Jesum bey sich hat, Kann veste
stehen, Wird auf dem unglücks=meer Nicht
untergehen: Wer Jesum bey sich hat, Der

ist in gnaden, Ihm kann kein fall, so groß
er sey, je schaden.

2. Wer Jesum bey sich hat, Der hat
den himmel, Sein herz ergetzt sich nicht
Am welt=getümmel; Wer Jesum bey sich
hat, Der lebt vergnüget, Wie Gott sein
Vater hier es mit ihm füget.

3. Wer Jesum bey sich hat, Wünscht
nicht zu haben Die eitelkeit der welt Und
ihre gaben: Wer Jesum bey sich hat, Hat
gnug auf erden, Und kann in ewigkeit
nicht reicher werden.

4. Wer Jesum bey sich hat, Kann sicher
reisen, Er wird ihm schon den weg Zum
himmel weisen: Wer Jesum bey sich hat,
Den kann in nöthen Kein teufel, sünde,
welt noch hölle tödten.

5. Wer Jesum bey sich hat, Braucht
nicht zu zagen, Wenn noth und ungewitter
sünder plagen: Wer Jesum bey sich hat,
Darf nicht erschrecken, Wenn furcht und
angst die sünde will erwecken.

6. Wer Jesum bey sich hat, Darf nicht
verzagen, Ihm soll kein kummer mehr Das

herze nagen: Wer Jesum bey sich hat,
Kann nicht verderben, Wer Jesum bey sich
hat, wird frölich sterben.


82. Mel. Liebster Jesu, du wirst kommen.
(42)

Sollt es gleich bisweilen scheinen, Als
wenn Gott verließ die seinen, Ey so weiß
und glaub ich dies, Gott hilft endlich doch
gewiß.

2. Hülfe, die er aufgeschoben, Hat er
drum nicht aufgehoben: Hilft er nicht zu
jeder frist, Hilft er doch wenn's nöthig ist.

3. Gleich wie väter nicht bald geben,
Wornach ihre kinder streben: So hat
Gott auch maas und ziel, Er giebt wie
und wann er will.

4. Seiner kann ich mich getrösten,
Wenn die noth am allergrößten: Er ist
gegen mich sein kind, Mehr als väterlich
gesinnt.

5. Trotz dem teufel, trotz dem drachen,

Ich kann ihre Macht verlachen, Trotz des schweren kreutzes joch, Gott mein Vater, lebet noch.

6. Trotz des bittern todes zähnen, Trotz der welt und allen denen, Die mir sind ohn ursach feind: Gott im himmel ist mein freund.

7. Laß die welt nur immer neiden, Will sie mich nicht länger leiden, Ey! so frag ich nichts darnach, Gott ist richter meiner sach.

8. Will sie mich gleich von sich treiben, Muß mir doch der himmel bleiben; Hab ich den, der ist mir mehr, Als all ihr lust, gut und ehr.

9. Welt, ich will dich gerne lassen, Was du liebest, will ich hassen, Liebe du den erden=koth, Und laß mir nur meinen Gott.

10. Ach, Herr! wenn ich dich nur habe, Sag ich allem andern abe: Legt man mich gleich in das grab, Ach Herr! wenn ich dich nur hab.

# Von der Liebe Gottes und des Nächsten.

83. Mel. Helft mir Gottes güte. (20)

Gott ist ein Gott der liebe, Ein freund der einigkeit; Er will, daß man sich übe In dem, was würket freud Und fried in einem sinn, Der zwistigkeit absage, Sich brüderlich vertrage, In sanftmuth immerhin.

2. Der satan ist ein störer Des friedens, und bedacht, Daß ja des wortes hörer Ganz lassen aus der acht, Was wieder haß und neid Der Heiland treulich lehret, Und wie von Gott abkehret Die unversöhnlichkeit.

3. Wer hier den frieden liebet In wahrheit, ohn verdruß Dem nächsten sich ergiebet, Ohn absicht auf genuß, Der hat am himmel theil, Da fried und liebe wohnet, Da friede wird belohnet: Gott ist und bleibt sein' heil.

4. Hergegen wer beladen Mit bitterm
haß und zorn, Der hat deß großen schaden, Er ist und bleibt verlohrn; Es kommt
das theure blut, So Christus unverdrossen
Aus liebe hat vergossen, Ihm nimmermehr
zu gut.

5. Wer seinen nächsten hasset, Der hasset selbsten Gott; Drauf Gottes zorn ihn
fasset, Und stürzt in solche noth, Darinnen
er verdirbt, Woselbsten kein erretten, Der
höllen band und ketten Ihn fesseln, wann
er stirbt.

6. Wer dieses recht bedenket, Der wird
der sonnen licht, Wann es zur erd sich
lenket, Und eh' der glanz gebricht, Nicht
lassen untergehn, Bevor sich hab geleget
Der zorn den er geheget; Wohl, wohl!
wanns ist geschehn.

7. O Christe! steur und wende Des
satans bitterkeit, Damit er nicht behende
Erwecke zorn und streit Bey denen die der
geist Des friedens soll regieren, Und in der
stille führen Zu dem, was lieblich heißt.

8. Hilf uns ja fleißig halten Die einig-

keit im geist, Daß über uns mög walten,
Dein segen allermeist, Nach deinem geist
und sinn Einander uns vertragen In
freundschaft, und nachjagen Dem köstli=
chen gewinn.

84. Mel. Gott sey dank, in aller. (16)

Sieh! wie lieblich und wie fein Ist's,
wenn brüder friedlich seyn, Wenn ihr thun
einträchtig ist, Ohne falschheit, trug und list.

2. Wie der edle balsam fließt Und sich
von dem haupt ergießt, Weil er von sehr
guter art, In des Aarons ganzen bart;

3. Der herab fließt in sein kleid, Und
erreget lust und freud; Wie befällt der
thau Hermon Auch die berge zu Zion.

4. Denn daselbst verheißt der Herr
Reichen segen und begehr, Und das leben
in der zeit, Und auch dort in ewigkeit.

5. Aber ach! wie ist die lieb So ver=

9

loschen, daß kein trieb Mehr auf erden
wird gespürt, Der des andern herze rührt!

6. Jedermann lebt für sich hin In der
welt nach seinem sinn, Denkt an keinen
andern nicht, Wo bleibt da die liebes=
pflicht?

7. O Herr Jesu, Gottessohn! Schaue
doch von deinem thron, Schaue die zer=
streuung an, Die kein mensche beßern
kann.

§5. Mel. Gott sey dank in aller. (16)

Sammle großer Menschenhirt, Alles,
was sich hat verirrt: Laß in deinem gna=
denschein Alles ganz vereinigt seyn.

2. Gieß den balsam deiner kraft, Der
dem herzen leben schaft, Tief in unser herz
hinein, Strahl in uns den freudenschein.

3. Bind zusammen herz und herz, Laß
uns trennen keinen schmerz: Knüpfe selbst

durch deine hand Das geheil'gte brüder=
band.

4. So, wie Väter, Sohn und Geist
Drey und doch nur eines heißt, Wird ver=
einigt ganz und gar Deine ganze liebes=
schaar.

5. Was für freude, was für lust, Wird
uns da nicht seyn bewußt! Was sie wün=
schet und begehrt, Wird von Gott ihr selbst
gewährt.

6. Alles, was bisher verwundt, Wird
mit lob aus einem mund Preisen Gottes
liebes=macht, Wenn er all's in eins ge=
bracht.

7. Kraft, lob, ehr und herrlichkeit Sey
dem Höchsten allezeit, Der, wie er ist drey
in ein, Und in ihm läßt eines seyn.


86. Mel. Sieh, hie bin. (25)

Ich will lieben, Und mich üben, Daß ich
meinem bräutigam Nun in allen mag ge=
fallen, Welcher an des kreutzes stamm Hat

sein leben Für mich geben Ganz geduldig
als ein lamm.

2. Ich will lieben Und mich üben Im
gebät zu tag und nacht, Daß nun balde
Alles alte In mir wird zum grab gebracht,
Und hingegen Allerwegen Alles werde neu
gemacht.

3. Ich will lieben und mich üben, Daß
ich rein und heilig werd; Und mein leben
Führe eben, Wie es Gott von mir begehrt;
Ja mein wandel, Thun und handel, Sey
unsträflich auf der erd.

4. Ich will lieben Und mich üben
Meine ganze lebenszeit, Mich zu schicken
Und zu schmücken Mit dem reinen hoch-
zeit-kleid, Zu erscheinen, Mit den reinen,
Auf des Lammes hochzeit-freud.

87. Mel. Wenn wir in höchsten. (12)

O Jesu Christe, wahres licht; Erleuchte,
die dich kennen nicht, Und bringe sie zu
deiner heerd, Daß ihre seel auch selig werd.

2. Erfüll mit deinem gnadenschein Die in irrthum verführet seyn; Auch die, so heimlich sichtet an In ihrem sinn ein falscher wahn.

3. Und was sich sonst verlaufen hat Von dir, das suche du mit gnad, Und sein verwundt gewissen heil, Laß sie am himmel haben theil.

4. Den tauben öffne das gehör, Die stummen richtig reden lehr, Die so bekennen wollen frey, Was ihres herzens glaube sey.

5. Erleuchte, die da sind verblendt, Bring her, die sich von dir gewendt, Versammle, die zerstreuet gehn, Mach veste, die im zweifel stehn.

6. So werden sie mit uns zugleich Auf erden und im himmelreich, Hier zeitlich und dort ewiglich, Für solche gnade preisen dich.

## Aufmunterungs=Lieder.

---

**88. Mel. Ihr sünder kommt gegangen. (20)**

Ach kinder, wollt ihr lieben, So liebt,
was liebenswerth; Wollt ihr ja freude
üben, So liebt, was freude werth. Liebt
Gott, das höchste gut, Mit geist, herz, seel
und muth, So wird euch solche liebe Er=
quicken herz und muth.

2. Liebt ihr die eitelkeiten, Liebt ihr
des fleisches lust, So saugt ihr kurze f r e u=
d e n Aus falscher liebes=brust, Worauf in
ewigkeit Folgt jammer, qual und leid, Wo
nicht in zeit der gnaden Die seel durch buß
befreyt.

3. Wir finden klar geschrieben Von
einem reichen mann; Der thät solch' liebe
üben, Wie Lucas zeiget an: Lebt er die
kurze zeit In fleisches=lust und freud, Und

ließ sein herze weiden: In lauter eitel=
keit.

4. Er hat in diesem leben Mit purpur
sich gekleidt, Doch er muß abschied geben,
Sein freud währt kurze zeit, So bald nach
seinem tod, Befand er sich in noth; Nie=
mand wollt ihn erretten Aus solcher pein
und leid.

5. Drauf rief er um erbarmen: Ach
vater Abraham! Komm doch und hilf mir
armen Aus dieser großen flamm; Ich bitte
dich darum, Ach sende Lazarum, Mit einem
tröpflein wasser, Zu kühlen meine zung.

6. Kein trost ward ihm gegeben, Als
der: gedenke sohn! Daß du in deinem
leben, Dein guts erwählt zum lohn. Drum
liebe kinderlein, Laßts euch ein warnung
seyn, Verlaßt das eitle leben, Daß ihr
entgeht der pein.

89. Mel. Mir nach, spricht Chri. (28)

Auf, christen=mensch! auf, auf zum streit;
Auf, auf zum überwinden! In dieser welt,

in dieser zeit Ist keine ruh zu finden. Wer
nicht will streiten, trägt die kron Des ew'=
gen lebens nicht davon.

2. Der teufel kommt mit seiner list, Die
welt mit pracht und prangen, Das fleisch
mit wollust, wo du bist, Zu fällen dich und
fangen; Streitst du nicht wie ein tapfrer
held, So bist du hin und schon gefällt.

3. Gedenke daß du zu der fahn Dein's
feldherrn hast geschworen; Denk ferner,
daß du als ein mann Zum streit bist aus=
erkohren; Ja denke, daß ohn streit und
steg Nie keiner zum triumpf aufstieg.

4. Wie schmählich ists, wenn ein soldat
Dem feind den rücken kehret; Wie schänd=
lich, wenn er seine statt Verläßt, und sich
nicht wehret; Wie spöttlich, wenn er noch
mit fleiß Aus zagheit wird dem feind zum
preiß.

5. Bind an, der teufel ist bald hin, Die
welt wird leicht verjaget; Das fleisch muß
endlich aus dem sinn, Wie sehr dichs immer

plaget; O ew'ge ſchande, wenn ein held
Vor dieſen dreyen buben fällt!

6. Wer überwindt, und kriegt den
raum Der feinde, die vermeſſen, Der wird
im paradieß vom baum Des ew'gen lebens
eſſen; Wer überwindt, den ſoll kein leid
Noch tod berührn in ewigkeit.


### 90. Mel. Zeuch mich. (25)

Kommt! laßt uns aus Babel fliehen,
Wer ſich noch drinn finden mag, Laufen,
eilen, nicht verziehen, Eh' etwas von ihrer
plag, Noch befleckung ihrer ſünden Hier
an leib und ſeel mög finden.

2. Ihre ſünden ſind geſtiegen Gar hoch
gegen himmel an, Ja für Gott auch ab-
gewiegen, Daß ers lang nicht dulden kann,
Sondern ſie ihr'n rechten lohn Balde,
bald nun trägt davon.

3. O! ihr lieben kinder eilet, Die ihr
noch wollt ſelig ſeyn, Eilet! eilet! daß

euch heilet. Unser arzt von sünden rein,
Jesus Christus, Gottes sohne, Stürzt die
hure bald vom throne.

4. Schaut! wie hat sich nun beflecket
Dies volk, das sich nach ihm nennt, Mit
viel schanden sich bedecket, Christum sammt
der wahrheit schändt, Daß sie wahrlich
sind als heiden, Da man ja sich von soll
scheiden.

5. Heiden, wüste dürre bäume, Welche
zu dem feu'r gespart, Darum seele! dich
nicht säume, Daß du werdst mit Gott ver-
paart, Mit Christo und seinen gliedern,
Seinem leibe, seinen brüdern.

6. Zwar noch viel subtil' partheyen
Finden sich jetzt in der welt, Welche nicht
so grob am reihen, Sind doch Babel zugesellt, Welche Gott auch wird ausspeyen:
Darum thut solch' Babel scheuen.

7. Da ist Gottes reich gefunden, Wo
man recht einhellig ist, Lebt im wort und
geist verbunden, Nach dem sinne Jesu

Chriſt. Dahin, ſeelen, laßt uns eilen,
Aus von Babel! nicht verweilen.

**91.** Mel. Sey lob und ehr dem. (3)

Das leben Jeſu iſt ein licht, Das uns
voran gegangen, Und wer demſelben fol=
get nicht, Bleibt in der ſünd gefangen,
Die arme ſeel wird leiden noth, Weil ſie
gefangen hat der tod, Will ſich nicht hel=
fen laſſen.

2. Das leben Jeſu iſt ein kleid, Wer
dieſes wird anziehen, Der wird von Gottes
zorn befreyt, Wird dem gericht entfliehen,
Und ewig kommen in die freud, Allwo ein
end hat aller ſtreit, Wo wahre ruh ſich
findet.

3. Das leben Jeſu iſt auch klein: O,
wer demuth könnt faſſen, Der ſollt entfliehen aller pein, Wann er ſich nur könnt
laſſen; In demuth und in niedrigkeit, Der
ſollt wohl überwinden weit, Und ſollt die
kron erlangen.

4. Das leben Jeſu iſt auch arm, und

wohl gar fremd auf erden; O wohl der
seelen, welche warm Mit feurigen begier=
den, Und folget diesem leben nach, Ob
schon dabey viel kreutz und schmach, So
ist am end die krone.

5. Das leben Jesu übersteigt Weit alle
schätz der erden: O wer davon ein bild
erreicht, Der kann gezogen werden Von
allen creaturen los, Kann folgen diesem
leben blos, Worin der tod muß weichen.

6. O leben! du bist liebenswerth, Weil
darin vorgegangen Der größe Gott auf
dieser erd: Der teufel ward gefangen,
Dies leben überwand den tod, Erlößt die
seel aus aller noth; O selig, wer nachfolget.

7. O leben! du bist alles gar. Wer dich
im glauben findet, Erlangt das angenehme
jahr, Worinn all noth verschwindet. In
dir ist lauter seligkeit, Du bist und giebst
allein die freud, Die ewig nicht aufhöret.

8. O leben! ich verlang nach dir, Gieb
du dich zu erkennen, Ach nimm mich mir,
und gieb mich dir, Thu in mir recht aus=
brennen All eigenheit und all natur, Herr

Jesu, zeig mir deine spur, Und laß dein'n
Geist mich leiten.

**92. Mel. Alle menschen müssen sterben.**
(22)

Alle Christen hören gerne Von dem
reich der herrlichkeit, Dann sie meynen
schon von ferne, Daß es ihnen sey bereit;
Aber wann sie hören sagen, Daß man
Christus kreutz muß tragen, Wann man
will sein jünger seyn, O so stimmen wenig
ein.

2. Lieblich ist es anzuhören: Ihr be=
ladne, kommt zu mir. Aber das sind harte
lehren: Gehet ein zur engen thür. Hört
man hosianna singen, Lautets gut; läßts
aber klingen, Kreutzge! ists ein andrer
ton, Und ein jeder lauft davon.

3. Wann der Herr zu tische sitzet, Giebt
er da, was fröhlich macht; Wann er blut
am ölberg schwitzet, So ist niemand, der
da wacht. Summa, Jesus wird gepreiset,

Wann er uns mit troste speiset; Aber
wann er sich versteckt, Wird man alsobald
erschreckt.

4. Jesum nur alleine lieben, Darum,
weil er Jesus ist, Sich um ihn allein be=
trüben: Kannst du das, mein lieber
Christ? Sollt auch Jesus von dir fliehen,
Und dir allen trost entziehen, Wolltest du
doch sagen hier: Dennoch bleib ich stets
an dir.

5. Ja Herr! nur um deinet willen Bist
du werth, geliebt zu seyn! Und der seelen
wunsch zu füllen, Bist du gütig, heilig,
rein! Wer dein höchst vollkommnes wesen
Hat zu lieben auserlesen, Trifft in deiner
liebe an Alles, was vergnügen kann.

6. Laß mich über alles achten, Was die
seele an dir findt; Sollte leib und seel
verschmachten, Weiß ich doch, daß sie ge=
winnt: Dann du bist in allem leide,
Jesu! lauter trost und freude, Und was
ich allhier verlier, Findt ich besser doch
in dir.

93. Mel. Wer sich im G. (20)

Kommt kinder, laßt uns gehen, Der
abend kommt herbey; Es ist gefährlich
stehen In dieser wüsteney : Kommt, stärket
euren muth, Zur ewigkeit zu wandern,
Von einer kraft zur andern, Es ist das
eude gut.

2. Es soll uns nicht gereuen Der schmale
p i l g e r - p f a d, Wir kennen ja den treuen,
Der uns gerufen hat: Kommt, folgt und
trauet dem, Ein jeder sein gesichte Mit
ganzer wendung richte Steif nach Jerusalem.

3. Der ausgang, der geschehen, Ist uns
fürwahr nicht leid; Es soll noch besser
gehen Zur abgeschiedenheit: Nein, kinder,
seyd nicht bang, Berachtet tausend wetten,
Ihr locken und ihr schelten, Und geht nur
euren gang.

4. Geht der natur entgegen, So gehts
gerad und fein; Die fleisch und sinnen
pflegen, Noch schlechte pilger seyn: Verlaßt die creatur, Und was euch sonst will

binden, Laßt gar euch selbst dahinten, Es
geht durchs sterben nur.

5. Kommt kinder, laßt uns gehen, Der
Vater gehet mit; Er selbst will bey uns
stehen, In jedem sauren tritt: Er will
uns machen muth, Mit süßen sonnen-
blicken Uns locken und erquicken; Ach ja,
wir haben's gut.

6. Kommt kinder, laßt uns wandern,
Wir gehen hand an hand; Eins freue sich
am andern, In diesem wilden land:
Kommt, laßt uns kindlich seyn, Uns auf
dem weg nicht streiten, Die engel uns begleiten, Als unf're brüderlein.

7. Sollt wohl ein schwacher fallen, So
greif der stärkre zu; Man trag, man helfe
allen, Man pflanze lieb und ruh: Kommt,
bindet fester an! Ein jeder sey der kleinste,
Doch auch wohl gern der reinste, Auf
unfrer liebesbahn.

8. Es wird nicht lang mehr währen,
Halt noch ein wenig aus; Es wird nicht
lang mehr währen, So kommen wir zu
haus; Da wird man ewig ruhn, Wann

wir mit allen frommen Daheim bey'n
Vater kommen? Wie wohl, wie wohl
wirds thun!

9. Drauf wollen wirs dann wagen,
(Es ist wohl wagens werth) Und gründ-
lich dem absagen, Was aufhält und be-
schwert: Welt, du bist uns zu klein; Wir
gehn durch Jesu leiden, Hin in die ewigkeiten, Es soll nur Jesus seyn!

10. O freund, den wir erlesen! O all-
vergnügend gut; O ewig-bleibend wesen!
Wie reitzest du den muth! Wir freuen uns
in dir, Du unf're wonn und leben, Worin
wir ewig schweben! Du unf're ganze zier!

## Vom Lobe Gottes.

94. Mel. Allein Gott in der höh. (3)

Sey lob und ehr dem höchsten Gut,
Dem Vater aller güte, Dem Gott, der

alle wunder thut, Dem Gott, der mein
gemüthe Mit seinem reichen trost erfüllt,
Dem Gott, der allen jammer stillt! Gebt
unserm Gott die ehre!

2. Es danken dir die himmels-heer, O
Herrscher aller thronen! Und die auf erden,
luft und meer, In deinem schatten woh-
nen, Die preisen deine schöpfers - macht,
Die alles also wohl bedacht. Gebt unserm
Gott die ehre!

3. Was unser Gott geschaffen hat, Das
will er auch erhalten, Darüber will er
früh und spat Mit seiner Güte walten:
In seinem ganzen königreich Ist alles
recht und alles gleich. Gebt unserm Gott
die ehre!

4. Ich rief dem Herrn in meiner noth:
Ach Gott vernimm mein schreyen! Da
half mein helfer mir vom tod, Und ließ
mir trost gedeihen. Drum dank, ach Gott!
drum dank ich dir. Ach! danket, danket
Gott mit mir! Gebt unserm Gott die
ehre!

5. Der Herr ist noch und nimmer nicht

Von seinem volk geschieden, Er bleibet ihre
zuversicht, Ihr segen, heil und frieden:
Mit mutter-händen leitet er Die seinen
stetig hin und her; Gebt unserm Gott die
ehre!

6. Wann trost und hülf ermangeln
muß, Die alle welt erzeiget, So kommt, so
hilft der überfluß, Der Schöpfer selbst,
und neiget Die Vater-augen deme zu, Der
sonsten nirgends findet ruh. Gebt un=
serm Gott die ehre!

7. Ich will dich all mein lebenlang,
O Gott! von nun an ehren: Man soll,
o Gott! den lobgesang An allen orten
hören. Mein ganzes herz ermuntre sich,
Mein geist und leib erfreue dich. Gebt
unserm Gott die ehre!

8. Ihr, die ihr Christi namen nennt,
Gebt unserm Gott die ehre. Ihr, die ihr
Gottes macht bekennt, Gebt unserm Gott
die ehre! Die falschen Götzen macht zu
spott, Der Herr ist Gott. Gebt unserm
Gott die ehre!

9. So kommet vor sein angesicht Mit

jauchzen = vollem springen, Bezahlet die
gelobte pflicht, Und laßt uns fröhlich
singen: G o t t hat es alles wohl bedacht,
Und alles, alles recht gemacht. Gebt un=
serm Gott die ehre!

95. Mel. Gott des himmels und der erden.
(25)

Dankt dem Herrn, ihr Gottes knechte!
Kommt, erhebet seinen ruhm! Er hält
Israels geschlechte Doch noch für sein
eigenthum: Jesus Christus ist noch heut,
Gestern und in ewigkeit.

2. Sprich nicht: es ist dieser zeiten
Nicht noch wie es vormals war, Gott
macht seine heimlichkeiten Jetzund niemand
offenbar; Was er vormals hat gethan,
Das geht uns anjetzt nicht an.

3. Sprich so nicht; des Höchsten hände
S i n d mit nichten jetzt zu schwach, Seine
güt hat auch kein ende, Er ist gnädig nach

und nach: Jesus Christus ist noch heut, Gestern und in ewigkeit.

4. Halte dich in allen dingen Nur an deines Gottes treu: Laß dich nicht zur freude bringen, Ehe dich dein Gott erfreu; Such in aller deiner noth Nichts zum trost als deinen Gott.

5. All ihr knechte Gottes, höret! Sucht den Herrn in eurer noth; Wer sich zu wem anders kehret Als zu ihm, dem wahren Gott, Der geht irr in allem stück, und bereitet ungelück.

6. Die nur, die dem Herrn vertrauen, Gehen auf der rechten bahn, Die in angst, in furcht und grauen Ihn nur einig rufen an, Denen wird allein bekannt Gottes herrlichkeit und hand.

7. Drum dankt Gott, ihr Gottes knechte, Kommt, erhebet seinen ruhm! Er hält Israels geschlechte Doch noch für sein eigenthum: Jesus Christus ist noch heut, Gestern und in ewigkeit.

96. Mel. O Gott, du frommer Gott. (15)

Was kann ich doch für dank O Herr!
dir dafür sagen, Daß du mich mit geduld
So lange zeit getragen.? Da ich in man=
cher sünd Und übertretung lag, Und dich,
o frommer Gott! Erzürnet alle tag.

2. Sehr große lieb und gnad Erwiesest
du mir armen: Ich fuhr in bosheit fort;
Du aber in erbarmen: Ich widerstrebte
dir, Und schob die buße auf, Du schobest
auf die straf, Daß sie nicht folgte drauf.

3. Daß ich nun bin bekehret, Hast du
allein verrichtet, Du hast des satans reich
Und werk in mir vernichtet: Herr! deine
güt und treu, Die an die wolken reicht,
Hat auch mein steinern herz Zerbrochen
und erweicht.

4. Selbst konnt ich allzuviel Beleidgen
dich mit sünden; Ich konnte aber nicht
Selbst g n a d e wieder finden: Selbst fallen
konnte ich, Und ins verderben gehn! Konnt

aber selber nicht. Von meinem fall aufstehn.

5. Du haſt mich aufgericht, Und mir
den weg geweiſet, Den ich nun wandeln
ſoll; Dafür ſey, Herr! gepreiſet.) Gott
ſey gelobt, daß ich Die alte ſünd nun haß,
Und willig, ohne furcht, Die todten werke
laß.

6. Damit ich aber nicht Aufs neue
wieder falle, So gieb mir deinen Geiſt,
Dieweil ich hier noch walle, Der meine
ſchwachheit ſtärk, Und drinnen mächtig ſey,
Und mein gemüthe ſtets Zu deinem dienſt
erneu.

7. Ach leit' und führe mich, So lang
ich leb auf erden; Laß mich nicht ohne
dich Durch mich geführet werden; Führ ich
mich ohne dich, So werd ich bald verführt;
Wann du mich führeſt ſelbſt, Thu ich, was
mir gebührt.

18. O Gott, du großer Gott! O Vater!
hör mein flehen; O Jeſu, Gottes ſohn!
Laß deine kraft mich ſehen; O werther

heil'ger Geist! Regier mich allezeit, Daß ich dir diene hier Und dort in ewigkeit.

# Geistliche Braut-Lieder.

97. Mel. Valet will ich dir geben. (7)

Ermuntert euch, ihr frommen! Zeigt eurer lampen schein, Der abend ist gekommen, Die finstre nacht bricht ein! Es hat sich aufgemachet Der bräutigam mit pracht, Auf! bätet, kämpft und wachet, Bald ist es mitternacht.

2. Macht eure lampen fertig, Und füllet sie mit öl, Seyd nun des heils gewärtig, Bereitet leib und seel. Die wächter Zions schreyen: Der bräutigam ist nah, Begegnet ihm in reihen, Und singt hallelujah!

3. Begegnet ihm auf erden, Ihr, die ihr Zion liebt, Mit freudigen geberden, Und seyd nicht mehr betrübt: Es sind die

freuden-ſtunden Gekommen, und der braut
Wird, weil ſie überwunden, Die krone
nun vertraut.

98. Mel. Gott des himmels und. (25)

Schicket euch, ihr lieben gäſte! Zu des
lammes hochzeit-feſt! Schmücket euch auf's
allerbeſte: Denn wie ſichs anſehen läßt,
Bricht der hochzeit-tag herein, Da ihr ſollet
fröhlich ſeyn.

2. Auf, ihr jüngling und jungfrauen,
Hebet euer haupt empor! Jedermann
wird auf euch ſchauen, Zeiget euch im
ſchönſten flor, Geht entgegen eurem Herrn,
Er hat euch von herzen gern.

3. Und du königs-braut erſcheine, Brich
herfür in deiner pracht, Du, du biſt die
reine, Welche rufet tag und nacht, In der
zartſten liebesflamm: Komm, du ſchönſter
bräutigam.

4. Zu dem thron des königs bringet

Deiner ſtimme ſüßer ſchall; O, wie ſchön
und lieblich klinget Deines bräutgams
wiederhall; Ja, ich komme liebſte braut!
Ruft dein könig überlaut.

5. Freuet euch doch derowegen, Ihr be=
rufnen allzugleich, Laſſets euch ſein ange-
legen, Daß ihr ſein bereitet euch; Kommt
zur hochzeit, kommet bald, Weil der ruf
an euch erſchallt.

6. Laſſet alles ſtehn und liegen, Eilet,
eilet, ſäumet nicht, Euch auf ewig zu ver=
gnügen, Kommt, der tiſch iſt zugericht!
Dieſes abendmahl iſt groß, Macht euch
aller ſorgen los.

7. Keiner iſt hier ausgeſchloſſen, Der
ſich ſelber nicht ausſchleußt; Kommt ihr
lieben tiſchgenoſſen, Weil die quelle über=
fleußt! Alles, alles iſt bereit, Kommt zur
frohen hochzeit-freud.

99. Mel.   Herr Chriſt, der einig Gottes.
(17)

Gnad, fried und reichen ſegen, ·All's
guts zu ſeel und leib, Der Herr Gott wolle
geben, Im ehſtand mann und weib. Vor-
aus wir all begehren, Gott woll den wunſch
gewähren, Den neuen eh'leut hie.

2. Daß ſich ihr'r keins nicht trenne
Vom andern führohin, Im glauben ſteif
erkenne, Sein eh Gott's ſchickung ſey: Der
hat ſie z'ſammen g'ordnet, Wie's lebens
nothdurft fordert, Der menſch nicht ſey
allein.

3. Demnach, Herr Gott zu ehren Dem
großen namen dein, Recht chriſtlich lieb
wollſt mehren In ihres herzens ſchrein':
Mit friedens-band verſtricken Ihr' eh', ſo
wird ſich glücken Ihr leben, thun und lan.

4. In dir lehr ſie mit willen Einander
dienen recht, Der liebe g'ſetz erfüllen, Ohn
zorn und zankgefecht. Eins ſey des an=

dern eigen, Ehlich treu zu erzeigen, Ohn
alle bitterkeit.

5. Ein dultmüthigen geiste Verleih
ihn'n, Herr, voran, Dann 's kreutz iſt
allermeiſte, In dem ſtand auf der bahn
Lehr ſie beſchwerniß leiden, All ungedul
vermeiden, Mit hübſcher weiß und berd.

6. Mit freuden laß ſie ſehen Leibs
frucht, ihr ſaamens g'ſchlecht, Wie vieler
frommen g'ſchehen, Die vor dir g'wandel
recht: Wir bitten dich mit treuen, Laß ſi
die ſach nicht g'reuen, Hilf ihn'n zu ſel'
gem end.

———

# Vom geiſtlichen Sieg.

———

100. Mel. O der alles hätt. (11)

Ringe recht, wann Gottes gnade Dic
nun ziehet und bekehrt, Daß dein geiſt ſic
recht entlade Von der laſt, die ihn be
ſchwert.

V.2. „Ringe, denn die pfort ist enge,„Und
)er lebens-weg ist schmal; Hier bleibt alles
m gedränge, Was nicht zielt zum himmels-
saal.

3. Kämpfe bis aufs blut und leben,
Dring hinein in Gottes reich; Will der
satan widerstreben, Werde weder matt noch
weich.

4. Ringe, daß dein eifer glühe, Und die
rste liebe dich Von der ganzen welt ab-
iehe; Halbe liebe hält nicht stich.

5. Ringe mit gebät und schreyen, Halte
amit feurig an; Laß dich keine zeit ge-
euen, Wär's auch tag und nacht gethan.

6. Hast du dann die perl errungen,
Denke ja nicht, daß du nun Alles böse
ast bezwungen, Das uns schaden pflegt
u thun.

7. Nimm mit furcht ja deiner seelen,
eines heils mit zittern wahr, Hier in
ieser leibeshöhle Schwebst du täglich in
efahr.

8. Halt ja deine krone veste, Halte

männlich was du haſt: Recht beharren iſt
das beſte; Rückfall iſt ein böſer gaſt.

9. Laß dein auge ja nicht gaffen Nach
der ſchnöden eitelkeit; Bleibe tag und
nacht in waffen, Fliehe träg= und ſicherheit.

10. Dieß bedenket wohl, ihr ſtreiter,
Streitet recht und fürchtet euch; Geht doch
alle tage weiter, Bis ihr kommt ins himmelreich.

101. Mel.  Es iſt das heil uns kommen.
(3)

Auf, ſeele! Jeſus, Gottes=Lamm, Hat
dich zur braut erwählet; Er hat mit dir
als bräutigam, (O gnade) ſich vermählet:
Er brennt für liebe gegen dich: Sein keu-
ſches herze ſehnet ſich Nach keuſcher gegen-
liebe.

2. Er liebet nicht auf kurze zeit, Nein
ſo iſt nicht ſein lieben: Er will an dir in
ewigkeit Recht treue liebe üben. Bleib
du ihm auch in liebe treu, Und augen-

blicklich ſie erneu: Sein lieben wird nicht
wanken.

3. Er will ſich in gerechtgkeit Mit dir
nach Wunſch vertrauen. Er iſt ohn un=
terlaß bereit, dich gnädig anzuſchauen. Er
meinets recht und ſchenket ſich Selbſt zur
gerechtigkeit, die dich Als dein gewand ſoll
kleiden.

4. Er ſucht an dir barmherzigkeit Und
gnade zu beweiſen. Er giebet, was dein
herz erfreut, Will dich mit manna ſpeiſen:
Wer ihn nur liebet, hat es gut, Er ſtärkt
und labet ſinn und muth: Bey ihm iſt
lauter himmel.

5. Du darfſt dich ſeiner liebesbrunſt Im
glauben nur vertrauen. Du kannſt auf
ſeine große gunſt Mehr als auf felſen
bauen. Er iſt die wahrheit und das licht;
Er weiß von keiner falſchheit nicht: Was
er verſpricht, geſchiehet.

6. Du wirſt ihn erſtlich in der noth
ls deinen Herren kennen: Auch ſelbſt der
chreckensvolle tod Wird dich nicht von ihm

trennen. Dann wird er dich zum him-
mels-ſaal, Als ſeine braut zum hochzeits-
mahl Geſchmückt und herrlich führen.

102. Mel. Meinen Jeſum laß. (35)

**G**uter Hirte! willt du nicht Deines
ſchäfleins dich erbarmen? Es nach deiner
Hirten = pflicht Tragen heim auf deinen
armen? Willt du mich nicht aus der quál
Holen in den freuden-ſaal?

2. Schau, wie ich verirret bin Auf der
wüſten dieſer erden; Komm und bringe
mich doch hin Zu den ſchaafen deiner heerden. Führ' mich in den ſchaafſtall ein
Wo die heil'gen lämmer ſeyn.

3. Mich verlangt, dich mit der ſchaar
Die dich loben, anzuſchauen, Die da weiden ohn' gefahr Auf den fetten himmels-
auen, Die nicht mehr in furchten ſtehn,
Und nicht können irre gehn.

4. Denn ich bin hier sehr bedrängt, Muß in steten sorgen leben, Weil die feinde mich umschränkt, Und mit list und macht umgeben, Daß ich armes schäfelein Keinen blick kann sicher seyn.

5. O Herr Jesu! laß mich nicht In der wölfe rachen kommen; Hilf mir, nach der Hirten=pflicht, Daß ich ihnen werd entnommen; Hole mich, dein schäfelein, In den ew'gen schaafstall ein.

## Erndte-Lieder.

103. Mel. Zeuch mich, zeuch mich. (25)

Herr des himmels und der erden! Herrscher dieser ganzen welt! Laß den mund voll lobes werden; Da man dir zu fuße fällt, Für den reichen erndte=segen Dank und opfer darzulegen.

11

2. Du haſt früh und ſpäten regen Uns
zu rechter Zeit geſchickt: Und ſo hat man
allerwegen Auen voller korn erblickt; Berg
und thäler, tief und höhen Sahen wir im
ſegen ſtehen.

3. Als das feld nun reif zur erndte,
Schlugen wir die ſichel an, Da man zum
erſtaunen lernte, Was dein ſtarker arm
gethan. Werden bey des ſegens menge
Doch die ſcheuern faſt zu enge!

4. Gieb nun kraft, den milden ſegen,
Den uns deine hand beſchehrt, Auch ſo
löblich anzulegen, Daß der fluch ihn nicht
verzehrt. Bleiben wir in alten ſünden,
Kann das güte leicht verſchwinden.


104. Mel. Wer nur den lieben Gott.
(27)

O daß doch bey der reichen erndte, Wo-
mit du Höchſter! uns erfreuſt, Ein jeder
froh empfinden lernte, Wie reich du uns
zu ſegnen ſeyſt; Wie gern du unſern man=

gel ftillſt, Und uns mit ſpeis und freud
erfüllſt.

2. Du ſiehſt es gern, wenn deiner güte,
Vater! unſer herz ſich freut; Und ein er=
kenntliches gemüthe Auch das, was du für
dieſe zeit Uns zur erquickung haſt beſtimmt,
Mit dank aus deinen händen nimmt.

3. So kommt denn, Gottes huld zu
feyern, Kommt Chriſten, laßt uns ſeiner
freu'n, Und bey den angefüllten ſcheuern,
Dem Herrn der erndte dankbar ſeyn. Ihm,
der uns ſtets verſorget war, Bringt neuen
dank zum opfer dar!

4. Nimm gnädig an das lob der liebe,
Das unſer herz dir, Vater! weiht: Dein
ſegen mehr in uns die triebe Zum thät'gen
dank, zur folgſamkeit; Daß preiß für deine
vatertreu Auch unſer ganzes leben ſey.

# Morgen-Lieder.

—

**105.** Mel. Lobt Gott, ihr Christen. (32)

Nun sich die nacht geendet hat, Die fin=
sterniß zertheilt, Wacht alles, was am
abend spat Zu seiner ruh geeilt.

2. So wachet auch, ihr sinnen wacht,
Legt allen schlaf beyseit, Zum lobe Gottes
seyd bedacht, Denn es ist dankens=zeit.

3. Und du, des leibes edler gast, Du
theure seele du, Die du so sanft geruhet
hast, Dank Gott für seine ruh.

4. Wie soll ich dir, du Seelenlicht; Zur
gnüge dankbar seyn? Mein leib und seel
ist dir verpflicht, Und ich bin ewig dein.

5. In deinen armen schlief ich ein,
Drum konnte satan nicht Mit seiner list

mir schädlich seyn, Die er auf mich ge=
richt't.

6. Hab dank, o Jesu! habe dank
Für deine lieb, und treu; Hilf, daß ich
dir mein lebenlang Von herzen dank=
bar sey.

7. Gedenke, Herr, auch heut an mich,
An diesem ganzen tag, Und wende von
mir gnädiglich, Was dir misfallen mag.

8. Erhör, o Jesu, meine bitt, Nimm
meine seufzer an, Und laß all meine
tritt und schritt Gehn auf der rechten
bahn.

9. Gieb deinen segen diesen tag Zu
meinem werk und that, Damit ich fröh=
lich sagen mag: Wohl dem, der Jesum
hat.

10. Wohl dem, der Jesum bey sich
führt, Schließt ihn ins herz hinein, So
ist sein ganzes thun geziert, Und er kann
selig seyn.

11. Nun denn, so fang ich meine
werk In Jesu namen an: Er geb mir

seines geistes stärk, Daß ich sie enden kann.

106. Mel. Komm, o komm. (25)

Gott des himmels und der erden, Vater, Sohn und heil'ger Geist; Der es tag und nacht läßt werden, Sonn und mond uns scheinen heißt, Dessen starke hand die welt, Und was drinnen ist, erhält.

2. Gott, ich danke dir von herzen, Daß du mich in dieser nacht Für gefahr, angst, noth und schmerzen Hast behütet und bewacht, Daß des bösen feindes-list Mein nicht mächtig worden ist.

3. Laß die nacht auch meiner sünden Jetzt mit dieser nacht vergehn, O Herr Jesu! laß mich finden Deine wunden offen stehn, Da alleine hülf und rath Ist für meine missethat.

4. Hilf, daß ich mit diesem morgen Geistlich auferstehen mag, Und für meine seele sorgen, Daß, wenn nun dein großer

tag Uns erscheint und dein gericht, Ich
dafür erschrecke nicht.

5. Führe mich, o Herr! und leite Meinen gang nach deinem wort, Sey und
bleibe du auch heute Mein beschützer und
mein hort, Nirgends als bey dir allein
Kann ich recht bewahret seyn.

107. Mel. Wach auf, mein herz. (19)

Auf, auf, ihr meine lieder, Mein herz,
mein geist und glieder, Dem Höchsten lob
zu singen, Und opfer ihm zu bringen.

2. Er hat die nacht gewendet, Das
licht herab gesendet, Und mich ohn alle
sorgen Erweckt an diesem morgen.

3. Er ist mein schutz gewesen, Daß ich
frisch und genesen An diesem tag aufstehe,
Und meine pflicht angehe.

4. Es hätten tausend schrecken Mich
grausam können wecken, Wo er nicht selbst
gewachet, Und alles gut gemachet.

5. Mein' seel, mein leib und leben,

Sey ferner ihm ergeben: Hilf, Herr! auch
heut, und sende Den beystand deiner hände.

6. Daß ich, von dir geführet, Und über=
all regieret, In deines namens ehre Mein
ganzes leben kehre.

7. Behüte mich vor sünden, Und laß
mich stets empfinden Ein'n abscheu für den
dingen Die deinen zorne bringen.

8. Dein guter geist der leite Mein herz,
daß sich's bereite, Damit, als kind und
erbe, Ich dir nur leb und sterbe.

9. Begnade mich mit segen Auf allen
meinen wegen, Beglücke meine thaten,
Und laß sie wohl gerathen.

10. Verleihe kraft und stärke, Daß
des berufes werke, Durch deines geistes
senden, Ich möge glücklich enden.

11. Erhör auch alle beter, Bekehr die
übertreter: Sey gnädig mir und allen,
Nach deinem wolgefallen.

12. Insonderheit am ende Nimm mich
in deine hände, Und laß mich selig ster=
ben, Das ew'ge leben erben.

# Abend=Lieder.

---

108. Mel. Mein Jesu. (30)

So ist nun abermal Von meiner tage
zahl Ein tag verstrichen; O! wie mit
schnellem schritt Und unvermerktem tritt
Ist er gewichen.

2. Kaum war der morgen nah, Nun
ist die nacht schon da Mit ihrem schatten:
Wer kann der zeiten lauf Und eilen hal=
ten auf, Sie abzumatten!

3. Nein, nein, sie säumt sich nicht, Sie
kehret ihr gesicht Niemals zurücke: Ihr
fuß steht nimmer still; Drum, wer ihr
brauchen will, Sich in sie schicke.

4. Sie fleucht gleich wie ein pfeil Zum
ziel in schneller eil; Eh mans gedenket,
Und sichs versehen mag, Hat uns der letzte
tag Ins grab versenket.

5. Hilf auch durch diese nacht, Und
habe auf mich acht, Sey mir zur wonne,

Zum hellen tag und licht, Wenn mir das
licht zerbricht, Israels sonne.


**109. Mel. Nun sich der tag geendet.** (32)

Geh, müder leib, zu deiner ruh, Dein
Jesus ruht in dir, Schleuß die verdroßnen
augen zu, Mein Jesus wacht in mir.

2. Ich hab ein gnädig wort gehört,
Gott ist mein schutz, mein rath, Wann sich
der satan gleich empört, Wohl dem der
Jesum hat.

3. Dieß wort ist in der nacht mein
licht, Wann alles finster ist, Wo dieser
schild ist, da zerbricht Des argen fein=
des list.

4. Auf dieses wort schlaf ich nun ein
Und stehe wieder auf, Das soll die mor=
genröthe seyn Beym frühen sonnenlauf.

5. Der schlaf, des todes bruder, macht
Aus mir ein todtenbild. Ich schlafe, doch

mein herze wacht: Komm, Jesu, wann du willt.

110. Mel. Nun sich der tag geendet. (32)

Nun bricht die finstre nacht herein, Des tages glanz ist todt; Jedoch, mein herz, schlaf noch nicht ein, Komm, rede erst mit Gott.

2. O Gott! du großer Herr der welt, Den niemand sehen kann, Du siehst auf mich vom himmels=zelt, Hör auch mein seufzen an.

3. Der tag, den ich nunmehr vollbracht, War insbesondre dein; Darum hat er bis in die nacht Mir sollen heilig seyn.

4. Vielleicht ist dieses nicht geschehn, Dann ich bin fleisch und blut, Und pfleg es öfters zu versehn, Wann gleich der wille gut.

5. Nun such ich deinen gnadenthron: Sieh meine schuld nicht an, Und denke,

daß dein lieber fohn Für mich hat gnug
gethan.


111. Mel. Nun sich der tag geendet. (32)

Schreib alles, was man heut gelehrt,
In unsre herzen ein, Und lasse die, so es
gehört, Dir auch gehorsam seyn.

2. Erhalt uns fernerhin dein wort,
Und thu uns immer wohl, Damit man
stets an diesem ort Gott diene, wie man
soll.

3. Indessen such ich meine ruh; O
Vater! steh mir bey, Und gieb mir deinen
engel zu, Daß er mein wächter sey.

4. Gieb allen eine gute nacht, Die
christlich heut gelebt, Und beß're den, der
unbedacht Der gnade widerstrebt.

5. Wofern dir auch mein thun gefällt,
So hilf mir morgen auf, Daß ich noch
ferner in der welt Vollbringe meinen lauf.

6. Und endlich führe, wann es zeit,

Mich in den himmel ein, Da wird in dei=
ner herrlichkeit Mein sabbath ewig seyn.

———

# Tisch=Lieder.

———

**112. Mel. Ey was frag ich. (25)**

Meine hoffnung stehet veste Auf den
lebendigen Gott, Er ist mir der allerbeste,
Der mir beysteht in der noth: Er allein,
Soll es seyn, Den ich nur von herzen
meyn.

2. Sagt mir, wer kann doch vertrauen
Auf ein schwaches menschenkind? Wer
kann veste Schlösser bauen In die luft
und in den wind? Es vergeht, Nichts be=
steht, Was ihr auf der erden seht.

3. Aber Gottes güte währet Immer
und in ewigkeit, Vieh und menschen er er=
nähret Durch erwünschte jahreszeit, Alles

hat Seine gnad Dargereichet früh und
ſpat.

4. Giebet er ni ch t alles reichlich Und
mit großem überfluß? Seine lieb iſt un=
begreiflich, Wie ein ſtarker waſſerguß;
Luft und erd Uns ernährt, Wenn es Got=
tes gunſt begehrt.

5. Danket nun dem großen Schöpfer
Durch den wahren Menſchenſohn, Der
uns, wie ein freyer töpfer, Hat gemacht
aus erd und thon; Groß von rath, ſtark
von that Iſt, der uns erhalten hat.


113. Mel. Gott lob ein ſchritt zur. (3)

Abermal uns deine güte Auf ganz wun=
derbare weiſ' Unſre pflicht führt zu ge=
müthe Durch den ſegen in der ſpeiß, Die
du uns haſt vorgeſtrecket, Und damit in
uus erwecket Einen hunger, Herr, nach dir.

2. Wie groß iſt deine freundlichkeit,
Wie herrlich deine güte, Die da verſorgt
zu jeder zeit Den leib und das gemüthe.

Du lebens-freund und menschen-lust, Du
hast uns allen rath gewußt, Und uns sehr
wohl gelabet.

3. Des himmels fenster öfnest du Und
schenkst uns milden regen; Du schließ'st
die erde auf und zu, Und giebst uns deinen segen: Die kost ist da auf dein geheiß,
Wen sollte das zu deinem preiß, O Vater,
nicht bewegen!

4. Für solche gutthat wollen wir, Wie
liebe kinder müssen, Von ganzer seelen
danken dir, Und unsre mahlzeit schließen
Mit einem dank und lobgedicht. O treuer
Gott! verschmäh es nicht, Laß es dir wohl-
gefallen.


**114. Mel. Gott lob ein. (3)**

Gieb, Jesu, daß ich dich genieß In allen
deinen gaben; Bleib du mir einig ewig
süß, Du kannst den geist nur laben: Mein
hunger geht in dich hinein; Mach du dich
innig mir gemein, O Jesu, mein vergnügen!

2. O lebens=wort! o seelen=speiß! Mit kraft und leben schenke: O quell=brunn reiner l i e b e! fleuß, Mein schmachtend herze tränke; So leb und freu ich mich in dir; Ach! hab auch deine lust in mir, Bis in die ewigkeiten.

———

## Scheid=Lieder.

———

**115.** Mel. Wann mein stündlein. (3)

Weil nun die zeit vorhanden ist, Daß wir hie müssen scheiden, So woll uns Gott zu dieser frist Genädiglich geleiten, Daß wir betrachten fort und fort, Sein jetzt gehörtes heilg=wort, Und uns mögen bereiten.

2. Wann unversehens kommen wird Christus am jüngsten tage, Der welt= richter und große hirt Uns stell'n zur recht und sage: Kommt her, ihr seyd gebenedeyt, Ererbt das reich in ewigkeit, Euch rühr hinfort kein plage.

3. Darum so laßt uns fleissig seyn Mit bäten und mit wachen, Zur himmels= freud aus dieser pein, Entgehn der höllen rachen, Und nahen uns zu Gott allein, Der speiß uns wie die engel sein, Woll ihnen uns gleich machen.

4. Dieß ist, o Gott! unser begehr, Laß uns doch das gelingen, Daß es gereich zu deiner ehr; Wir reden oder singen, Mit andacht es im geist gescheh, Dem unser fleisch nicht widersteh, Hilf uns dasselb be= zwingen.

5. O Vater, Sohn und heilger geist, Einiger Gott mit namen, Was du geschaf= fen allermeist, Soll dich loben zusammen. Nachdem wir gehn von diesem ort, In lieb erhalt uns immerfort, D u r ch Jesum Christum, amen.

116. Mel. Der 6 Psalm. (61)

Muß es nun seyn geschieden, So woll uns Gott begleiten, Ein jedes an sein ort;

Da wollend fleiß ankehren, Uns'r leben
zu bewehren, Nach inhalt Gottes wort.

2. Das sollten wir begehren, Und nicht
hinläßig werden, Das end kommt schnell
herbey; Wir wissen keinen morgen, Drum
lebet doch in sorgen, Der gefahr ist man=
cherley.

3. Betrachtet wohl die sachen, Daß
uns der Herr heißt machen, Zu seyn all=
zeit bereit. Dann so wir würd'n erfun=
den Liegen und schlafen in sünden, So
würd uns werden leid.

4. Drum rüstet euch bey zeiten, Und
alle sünd vermeiden, Lebend in g'rechtig=
keit: Das ist das rechte wachen, Darburch
man mag gerathen Zur e'wgen seligkeit.

5. Hiemit seyd Gott befohlen, Der woll
uns allzumalen, Durch seine gnad allein,
Zur ew'gen freud erheben, Daß wir nach
diesem leben Nicht komm'n in ewigs leid.

6. Zum end ist mein be geh ren, Denk
meiner in dem Herren, Wie ich auch g'sin-

net bin: Nun wachet allesammen, Durch
Jesum Christum amen. Es muß geschie=
den seyn.

117. Mel. Erzörn dich nicht, o frommer.
(8)

Lebt friedsam, sprach Christus der Herr
Zu seinen auserkohrnen, Geliebte nehmt
dies für ein lehr, Und wollt sein stimm
gern hören, Das ist geseit zu ein'm ab=
scheid Von mir, wollt fest drinn stehen.
Ob scheid ich gleich, bleibts herz bey euch,
Bis wir zur freud eingehen.

2. Ein herzens=weh mir überkam Im
scheiden über d'maßen, Als ich von euch
mein abschied nahm, Und dasmals mußt
verlassen. Mein'm herzen bang, beharr=
lich lang, Es bleibt noch unvergessen, Ob=
schon ich scheid, bleibts herz bey euch, Wie
sollt ich euch vergessen.

3. Nach dem wesen Christi euch bald,
Gleich wie ihr habt empfangen, Gebaut

auf'm grund zur recht gestalt, Sein we=
gen wollt anhangen. Darinn besteht mein
rath, weils geht Auf ein scheiden sehr trau=
rig, Ob scheid ich gleich, bleibts herz bey
euch Bis an mein end gedaurig.

4. Gelobt sey Gott, um dieß sein werk,
Das er kräftig gelenket, Geht ihr zu dem
gebäte sterk, Dann meiner auch gedenket
Im bäten rein, daß Gott allein Mich wolle
wohl berathen. Ob scheid ich gleich, bleibts
herz bey euch, Gott wohn euch bey in
gnaden.


118. Mel. Ach Jesu mein. (24)

Ach herzens geliebte! wir scheiden jetz=
under, Ein jedes das halte sein herze doch
munter, Es schreye mit mir, Aus liebes=
begier: Herr Jesu! Herr Jesu! Ach zeuch
uns nach dir.

2. Ja, liebste geschwister, Drum lassen
uns wachen, Weil unsere feinde sich kräftig
aufmachen, Sie suchen zu rauben Den

göttlichen glauben, Damit sie verhindern das kindlich vertrauen.

3. Und weilen wir jetzt von einander nun treten, So laßt uns vor einander doch herzlich bäten, Daß keines doch möge Abtreten vom wege, Auf daß wir bewandeln die richtigen stege.

4. Ach, liebeste glieder! es könnte geschehen, Daß wir einander nicht thäten mehr sehen. Ein jedes thu fleiße Hier auf seiner reise, Damit wir doch tragen die krone zum preiße.

# Sterb= und Begräbniß=Lieder.

119. Mel. Es ist gewißlich an. (3)

Komm, sterblicher, betrachte mich! Du lebst, ich lebt auf erben; Was du jetzt bist, das war auch ich, Was ich bin, wirst du werden; Du mußt hernach, ich bin vorhin; Ach! denke nicht in deinem sinn, Daß du nicht dürfest sterben.

2. Bereite dich, stirb ab der welt, Denk an die letzten stunden! Wenn man den tod verächtlich hält, Wird er sehr oft gefunden. Es ist die reihe heut an mir, Wer weiß, vielleicht, gilts morgen dir, Ja wohl noch diesen abend.

3. Sprich nicht: ich bin noch gar zu jung, Ich kann noch lange leben! Ach nein! du bist schon alt genug, Den geist von dir zu geben; Es ist gar bald um dich gethan, Es sieht der tod kein alter an: Wie magst du anders denken?

4. Du seyst dann fertig oder nicht, So mußt du gleichwohl wandern, Wann deines lebens ziel anbricht, Es geht dir, wie den andern. Drum laß dirs eine warnung seyn, Dein auferstehn wird überein Mit deinem sterben kommen.

5. Ach! denke nicht: es hat nicht noth, Ich will mich schon bekehren, Wann mir die krankheit zeigt den tod, Gott wird mich wohl erhören. Wer weiß, ob du zur krankheit kömmst? Ob du nicht schnell

ein ende nimmst? Wer hilft alsdann dir armen?

120. Mel. Demuth ist die schönste. (22)

Alle menschen müssen sterben, Alles fleisch vergeht wie heu, Was da lebet muß ver= derben, Soll es anders werden neu. Die= ser leib der muß verwesen, Wann er an= ders soll genesen Der so großen herrlichkeit, Die den frommen ist bereit.

2. Drum so will ich dieses leben, Weil es meinem Gott beliebt, Auch ganz willig von mir geben, Bin darüber nicht betrübt: Denn in meines Jesu wunden Hab ich schon erlösung funden, Und mein trost in todesnoth Ist des Herren Christi tod.

3. Hier will ich nun ewig wohnen; Meine lieben, gute nacht! Eure treu wird Gott belohnen, Die ihr habt an mir voll= bracht: Allesammt ihr anverwandten, Gute freunde und bekannten, Lebet wohl;

zu guter nacht! Gott sey dank, es ist voll=
bracht!

121. Mel. Nun ruhen alle wälder. (37)

Gott lob die stund ist kommen, Da ich
werd aufgenommen Ins schöne paradeiß.
Ihr eltern, dürft nicht klagen; Mit freuden
sollt ihr sagen: Dem Höchsten sey lob, ehr
und preiß.

2. Wie kanns Gott besser machen? Er
reißt mich aus dem rachen Des teufels
und der welt, Die jetzt wie löwen brüllen,
Ihr grimm ist nicht zu stillen, Bis alles
übern haufen fällt.

3. Dies sind die letzten tage, Da nichts
als angst und plagen Mit haufen bricht
herein. Mich nimmt nun Gott von hin=
nen, Und läßet mich entrinnen Der über=
häuften noth und pein.

4. Kurz ist mein irdisch leben; Ein bes=
sers wird mir geben Gott in der ewigkeit.
Da werd ich nicht mehr sterben, In keiner
noth verderben: Mein leben wird seyn
lauter freud.

5. Lebt wohl und seyd gesegnet; Was
euch jetzund begegnet, Ist andern auch ge=
schehn; Nun Gott woll euch bewahren;
Dort wollen wir uns wieder sehn.

### 122. Mel. Herzlich thut. (7)

Ich war ein kleines kindlein Geborn auf
diese welt, Aber mein sterbens=stündlein
Hat mir Gott bald gestellt. Ich weiß gar
nichts zu sagen, Was welt ist und ihr
thun: Ich hab in meinen tagen Nur noth
gebracht davon.

2. Mein allerliebster vater, Der mich
zur welt gezeugt, Und mein herzliebste
mutter, Die mich selbst hat gesäugt, Die
folgen mir zu grabe, Mit seufzen innig=
lich, Doch ich war Gottes gabe, Die er
nun nimmt zu sich.

3. Er nimmt mich auf zu gnaden, Zum
erben in sein reich, Der tod kann mir nicht
schaden, Ich bin den engeln gleich; Mein
leib wird wieder leben In ruh und ew'ger

freud, Und mit der seele schweben In gro=
ßer herrlichkeit.

4. Lebt wohl, ihr meine lieben, Du
vat'r und mutterherz, Was wollt ihr euch
betrüben, Vergesset diesen schmerz, Mir ist
sehr wohl geschehen, Ich leb in wonn und
freud, Ihr sollt mich wieder sehen Dort in
der herrlichkeit.

123. Mel.  O Jesu Christe.  (12)

Wie sicher lebt der mensch, der staub!
Sein leben ist ein fallend laub; Und den=
noch schmeichelt er sich gern, Der tag des
todes sey noch fern.

2. Der jüngling hofft des greises ziel,
Der mann noch seiner jahre viel, Der
greis zu vielen noch ein jahr, Und keiner
nimmt den irrthum wahr.

3. Sprich nicht: ich denk in glück und
noth Im herzen oft an meinen tod. Der,
den der tod nicht weiser macht, Hat nie mit
ernst an ihn gedacht.

4. Wir leben hier zur ewigkeit, Zu

thun, was uns der Herr gebeut, Und un=
sers lebens kleinster theil. Ist eine frist zu
unserm heil.

5. Der todt rückt seelen vor gericht;
Da bringt Gott alles an das licht, Und
macht, was hier verborgen war; Den rath
der herzen offenbar.

6. Drum, da dein tod dir täglich dräut,
So sey doch wacker und bereit; Prüf dei=
nen glauben als ein christ, Ob er durch
liebe thätig ist.

7. Ein seufzer in der letzten noth, Ein
wunsch, durch des Erlösers tod-Vor Got=
tes thron gerecht zu seyn, Dies macht dich
nicht von sünden rein:

8. Ein herz, das Gottes stimme hört,
Ihr folgt und sich vom bösen kehrt, Ein
gläubig herz von lieb erfüllt, Dies ist es
was in Christo gilt.

124. Mel. Wer nur den lieben Gott läßt.
(27)

Wer weiß, wie nahe mir mein ende?
Die zeit geht hin, es kommt der tod; Ach

Ach wie geschwinde und behende Kann
kommen meine todesnoth. Mein Gott!
ich bitt durch Christi blut, Machs nur mit
meinem ende gut.

2. Es kann vor nacht leicht anders
werden, Als es am frühen morgen war;
Dann weil ich leb auf dieser erden, Leb
ich in steter tods-gefahr. Mein Gott! ich
bitt durch Christi blut, Machs nur mit
meinem ende gut.

3. Herr! lehr mich stets ans ende den=
ken, Und laß mich, wann ich sterben muß,
Die seel in Jesu wunden senken, Und ja
nicht sparen meine buß. Mein Gott! ich
bitt durch Christi blut, Machs nur mit
meinem ende gut.

4. Laß mich bey zeit mein haus bestel=
len, Daß ich bereit sey für und für, Und
sage frisch in allen fällen: Herr! wie du
willst, so schicks mit mir. Mein Gott! ich
bitt durch Christi blut, Machs nur mit
meinem ende gut.

5. Mach mir stets zuckersüß den him=
mel, Und gallenbitter diese welt; Gieb,

daß mir in dem welt=getümmel Die ewig=
keit sey vorgestellt. Mein Gott! ich bitt
durch Christi blut, Machs nur mit meinem
ende gut.

125. Mel. Nun laßt uns den leib:

Nun bringen wir den leib zur ruh, Und
decken ihn mit erde zu, Den leib, der, nach
des Schöpfers schluß; Zu staub und erde
werden muß.

2. Er bleibt nicht immer asch' und staub,
Nicht immer der verwesung raub; Er
wird, wann Christus einst erscheint, Mit
seiner seele neu vereint.

3. Hier, mensch, hier lerne, was du bist;
Lern hier, was unser leben ist. Nach sorge,
furcht und mancher noth Kommt endlich
noch zuletzt der tod.

4. Schnell schwindet unsre lebens=zeit:
Auf's sterben folgt die ewigkeit. Wie wir
die zeit hier angewandt, So folgt der lohn
aus Gottes hand.

# Vom letzten Gericht Gottes.

—

126. Mel.   Freu dich sehr, o meine.   (18)

Es sind schon d i e letzten zeiten: Drum
mein h e r z bereite dich, Weil die zeichen
schon von weiten, Zum gericht ereignen
sich; Himmel, erde, luft und meer, Machen
sich, als Gottes heer, Auf zur rache sonder
schonen, Ueber die im finstern wohnen.

2. Es ist alles fast verdorben In der
ganzen christenheit, Glaub und liebe sind
erstorben, Alles lebt in eitelkeit.   Wie es
war zu Noah zeit, So lebt jetzt in sicherheit Der gemeine hauf der christen, Die
in sündenkoth sich brüsten.

3. Unverstand und sünden = leben
Herrschet und nimmt überhand. Die dem
unheil widerstreben, Sind als frembling'
unbekannt, Und wie Jesus selbst veracht:
Ja, ihr thun steht in verdacht.   Wie ist

denn der welt zu rathen Bey dergleichen frevelthaten?

4. Jesus wird bald selbst einbrechen, Weil sein heer sich aufgemacht, Und sein armes häuflein rächen, Das zu ihm schreyt tag und nacht; Darum hebt das haupt empor Zu des himmels thür und thor, Daß ihr euer heil umfahet, Weil sich die erlösung nahet.

127. Mel. Aus tiefer noth schrey ich zu dir.
(3)

Es ist gewißlich an der zeit, Daß Gottes sohn wird kommen, In seiner großen herrlichkeit, Zu richten bös' und frommen; Dann wird das lachen werden theur, Wann alles wird vergehn in feu'r, Wie Petrus davon schreibet.

2. Posaunen wird man hören gehn An aller welt ihr ende, Darauf bald werden auferstehn All todten gar behende: Die aber noch das leben han, Die wird der Herr von stunden an Verwandeln und verneuen.

3. Darnach wird man ablesen bald
Ein buch, darin geschrieben, Was alle
menschen, jung und alt, Auf erden han
getrieben: Da dann gewiß ein jedermann
Wird hören, was er hat gethan In seinem
ganzen leben.

4. O weh demselben, welcher hat Des
Herren wort verachtet, Und nur auf erden
früh und spat Nach großem gut getrachtet!
Der wird fürwahr gar kahl bestehn, Und
mit dem satan müssen gehn Von Christo
in die hölle.

### 128. Mel. Ach treib aus. (30)

Wann ich es recht betracht Und sehe
tag und nacht Ja stund und zeite, Hin=
gehen so geschwind, Geschwinder als der
wind, Zur ewigkeite.

2. So wird mir oftmals **b a n g**, Weil
ich noch allzulang Mich oft verweile, Und
nicht wie ich sollt? Und auch wohl gerne
wollt, Beständig eile.

3. O daß ich allezeit In rechter mun=
terkeit Mich möchte üben, Und in der nie=
brigkeit Mein'n Jesum allezeit Könnt
herzlich lieben.

4. Weil meine zeit vergeht, Und gar
kein ding besteht, Was wir hie sehen, So
sollt ich billig das Suchen ohn unterlaß,
Was kann bestehen.

5. Jetzt ist die schöne zeit, Das ange=
nehme heut, Der tag des heilens, Drum
eil' o seele! doch, Und trag gern Christi
joch Ohne verweilens.

6. Die zeit, die zeit ist da, Der richter
ist sehr nah, Er wird bald kommen; Wer
sich hat wohl bereit In dieser gnadenzeit,
Wird angenommen.

7. O selig wird der sein, Der mit kann
gehen ein Ins reich der freuden, Billig
sollt man allhier Sich schicken für und für,
Und wohl bereiten.

129. Mel. Herzlich thut mich. (7)

Bedenke, mensch! das ende, Bedenke dei=
nen tod, Der tod kom oft behende; Der

13

heute frisch und roth, Kann morgen und
geschwinder Hinweg gestorben seyn; Drum
bilde dir, o sünder! Ein täglich sterben ein.

2. Bedenke mensch! das ende, Bedenke
das gericht: Es müssen alle stände Vor
Jesus angesicht: Kein mensch ist ausge=
nommen, Hier muß ein jeder dran, Und
wird den lohn bekommen, Nachdem er hat
gethan.

3. Bedenke, mensch! das ende, Der
höllen angst und leid, Daß dich nicht sa=
tan blende Mit s e i n e r eitelkeit: Hier ist
ein kurzes freuen, Dort aber ewiglich Ein
kläglich schmerzen-schreyen. Ach sünder!
hüte dich.

4. Bedenke mensch! das ende, Bedenke
stets die zeit, Daß dich ja nichts abwende
Von seiner herrlichkeit, Damit vor Gottes
throne Die seele wird verpflegt; Dort ist
die lebenskrone Den frommen beygelegt.

5. Herr! lehre mich bedenken Der zei=
ten letzte zeit, Daß sich nach dir zu lenken,
Mein herze sey bereit: Laß mich den tod
betrachten, Und deinen richterstuhl: Laß

mich auch nicht verachten Der höllen feuer=
pfuhl.

6. Hilf Gott! daß ich in zeiten Auf
meinen letzten tag Mit buße mich bereiten
Und täglich sterben mag: Im tod und vor
gerichte Steh mir, o' Jesu! bey, Daß ich
ins himmels lichte Zu wohnen würdig sey.

130. Mel. O Gott, du frommer. (15)

Thu rechnung; rechnung will Gott ernst=
lich von dir haben. Thu rechnung, spricht
der Herr, Von allen deinen gaben. Thu
rechnung, fürchte Gott, Du mußt sonst
plötzlich fort; Thu rechnung, denke stets
An diese donnerwort.

2. Sprich: lieber Gott! wer kann Vor
deinem thron bestehen, Wenn du mit dei=
nem knecht Willst ins gerichte gehen?
Weil in der ganzen welt Zu finden nicht
ein mann, Der dir auf tausend nur Ein
wort antworten kann.

3. Laß gnade gehn vor recht, Ach laß
mich gnade finden, Sprich mich aus gna=

den los Von allen meinen sünden; Laß
deines sohnes blut Auch mein herz machen
rein, Laß alle meine schuld Todt und ver=
gessen seyn.

4. Laß mich in dieser welt Nur dir zu
ehren leben, Laß ja mein leib und seel
Dir allzeit seyn ergeben; Der Geist re-
giere mich, So werde ich wohl bestehn In
meiner rechenung, Und zur himm'lsfreud
eingehn.

## Vom Himmel und ewigen Leben.

131. Mel. Wer nur den lieben Gott.
(27)

Nach einer prüfung kurzer tage Erwartet
uns die ewigkeit. Dort, dort verwandelt
sich die klage In göttliche zufriedenheit.
Hier übt die tugend ihren fleiß, Und jene
welt reicht ihr den preiß.

2. Wahr ist's, der fromme schmeckt auf
erden Schon manchen sel'gen augenblick:

Doch alle freuden, die ihm werden, Sind ihm ein unvollkomm'nes glück. Er bleibt ein mensch, und seine ruh Nimmt in der seele ab und zu.

3. Bald stören ihn des körpers schmerzen, Bald das geräusche dieser welt; Bald kämpft in seinem eignen herzen Ein feind, der öfter siegt, als fällt: Bald sinkt er durch des nächsten schuld In kummer und in ungedult.

4. Hier, wo die tugend öfters leidet, Das laster öfters glücklich ist, Wo man den glücklichen beneidet, Und des bekümmerten vergißt: Hier kann der mensch nie frey von pein, Nie frey von eigner schwachheit seyn.

5. Hier such ichs nur, Dort werd ichs finden; Dort werd ich heilig und verklärt, Der tugend ganzen werth empfinden, Den unaussprechlich großen werth; Den Gott der liebe werd ich sehn, Ihn lieben, ewig ihn erhöhn.

6. Da wird der vorsicht heilger wille Mein will und meine wohlfahrt seyn,

Und lieblich wesen, heil die fülle, Am throne Gottes mich erfreun. Dann läßt gewinn stets auf gewinn Mich fühlen, daß ich ewig bin.

7. Da werd ich das im licht erkennen, Was ich auf erden dunkel sah, Das wunderbar und heilig nennen, Was unerforschlich hier geschah; Da denkt mein geist mit preiß und dank Die schickung im zusammenhang.

8. Da werd ich zu dem throne dringen, Wo Gott, mein heil, sich offenbart: Ein heilig, heilig, heilig singen Dem Lamme, das erwürget ward; Und Cherubim und Seraphim, Und alle himmel jauchzen ihm.

9. Da werd ich in der engel schaaren Mich ihnen gleich und heilig sehn, Das nie gestörte glück erfahren, Mit frommen stets fromm umzugehn. Da wird durch jeden augenblick Ihr heil mein heil, mein glück ihr glück.

10. Da werd ich dem den dank bezahlen, Der Gottes weg mich gehen hieß, Und ihn zu millionenmalen Noch segnen daß

er mir ihn wies. Da ſind ich in des Höch=
ſten hand Den freund, den ich auf erden
fand.

11. Da ruft, o möchte Gott es geben!
Vielleicht auch mir ein ſel'ger zu: Heil
ſey dir! denn du haſt mein leben, Die ſeele
mir gerettet, du! O Gott, wie muß dieß
glück erfreun, Der retter einer ſeele ſeyn?

12. Was ſeyd ihr, leiden dieſer erden,
Doch gegen jene herrlichkeit, Die offenbart
an uns ſoll werden, Von ewigkeit zu ewig=
keit? Wie nichts, wie gar nichts gegen ſie,
Iſt doch ein augenblick voll müh!

---

# Der 134 Pſalm. (12)

### Ermunterung zum Lob und Dienſt
### Gottes.

Ihr knecht des Herren allzugleich, Den
Herren lobt im himmelreich, Die ihr in

Gottes haus bey nacht, Als ſeine diener
hüt und wacht.

2. Zum heiligthum die händ aufhebt,
Lob, ehr und preiß dem Herren gebt,
Dankſaget ihm von herzensgrund, Sein
lob ſtets führt in eurem mund.

3. Gott, der geſchaffen hat die welt,
Und noch durch ſeine kraft erhält, Der
ſegne dich vom berg Zion, Mit reichem
gut zum gnadenlohn.

---

## Der 128 Pſalm.

---

### Der Frommen glückliche Haushaltung und Handthierung.

Selig iſt der gepreiſet, Der Gott vor
augen hält, Sich ſeiner weg befleißet, Davon auch nicht abfällt: Dann du wirſt
dich wohl nähren, Mit arbeit deiner hand,
Gott wird dir glück beſcheren, Und ſegnen
deinen ſtand.

2. Dein weib gleich einem reben In
deinem haus wird seyn, D e r seine frucht
wird geben Zu seiner zeit an wein: Die
kinder wirst du sehen Zurings um deinen
tisch Nach einer reihen ste h e n, Gleichwie
die ölzweig, frisch.

3. Das seynd die schönen gaben, Die
Gott den menschen giebt, Die ihn in ehren
haben, Wovon er wird geliebt.  Gott, der
dir giebt gedeyen Aus Zion, wird der stadt
Jerusalem verleihen, Bey deinem leben,
gnad.

4. Du wirst auch endlich se h e n kinds=
kinder, und darzu Israels sachen stehen
In gutem fried und ruh.


E n d e.

# Ein Register

der Lieder, welche nach einerley Melodien
können gesungen werden.

Du unbegreiflich höchstes gut          33
Herr Jesu Christ, dich zu uns           6
Ihr jungen helden, aufgewacht          93
O Jesu du mein bräutigam               50
O Jesu, wahres licht                  132
O starker Gott, o seelenkraft         104
Wann menschen=hülf scheint aus         115
Wann wir in höchsten nöthen            117
Wie sicher lebt der mensch             186

### (14)

Nun Gott lob! es ist vollbracht         7

### (15)

Spar deine buße nicht                  39
Thu rechnung; rechnung will            195
Was kann ich doch für dank             150

### (16)

Aus der tiefe rufe ich,                106
Sammle großer Menschenhirt             130
Sieh! wie lieblich und wie fein        129

### (17)

Gnad, fried und reichen segen          155
Wacht auf; ihr brüder werthe           109

(42)

Jesu! hilf mein kreutz mir tragen 101

Sollt es gleich bisweilen scheinen 125

(43)

Fröhlich soll mein herze springen 15

Warum sollt ich mich dann grämen 122

(45)

Was Gott thut, das ist wohlgethan 112

(49)

Wohlauf, wohlauf, du Gottes 76

(53)

Mit einem zugeneigten gemüth 120

(61)

Muß es nun seyn geschieden 177

Nach bekannten Melodien.

Der 121 Psalm 201

Nun bringen wir den leib zur ruh 189

Wer Jesum bey sich hat 123

(Die Zahlen in Klammern zeigen die Klassen
an, wie sie in den großen unpartheyischen Lie-
der-Büchern stehen und auf einerley Melodien
können gesungen werden.)

# Alphabetisches

# Regiſter.

———

CPSIA information can be obtained
at www.ICGtesting.com
Printed in the USA
BVHW041718031218
534659BV00025B/194/P